膽識

김은주
金恩住 著

林芳如 譯

생각이 너무 많은
서른 살에게

25년간 세계 최고의 인재들과
일하며 배운 것들

前言

致三十歲充滿煩惱的你

人生的意義在於發現自己的才華，
人生的目的在於利用那份才華幫助某人過上更好的人生。

——巴勃羅・畢卡索

我們常常聽到別人說「不要變成井底之蛙」，因此嚮往井底之外的廣闊世界，折磨跳不出井底的自己，感到惴惴不安。我以前也是這樣的人。從小到大，我一直有種不要變成井底之蛙的強迫感。二十七歲的我辭掉在韓國的順遂工作，前往美國，心想我要去看看那廣闊的世界。

二十七歲左右，我擁有了能說明我這個人的包裝紙。畢業於哪間大學、在哪間公司上班等等，就連我居住的社區也變成了代表我的工具。然而，我的人生在二十七歲重置了。將我層層包裝起來的那些東西，在美國變得一文不值，而且我的英文程度也不足以做華麗的自我介紹。就那樣在美國步入的三十歲前夕，是一段緊抓著崩潰的自尊心不放，全憑一股傲氣撐下去的歲月。

一句英文也說不好，就跑到美國生活，日子比我想像中的還要刻苦、兇猛、冰冷。每天繃緊神經十幾個小時，回到家早已筋疲力盡，這樣的狀態日復一日。我常常拖著疲憊的身軀看韓劇或找韓國朋友發洩壓力，藉此恢復內心的平靜。隨著時間過去，我進了好公司，站穩腳跟，經濟條件也寬裕了許多，但是我的生活半徑卻比離開韓國時還要狹窄。雖然我為了不要變成井底之蛙而走出海外，我卻生活在漂浮於浩瀚海洋的小島上更小的水井裡。我當不了能瀟灑地適應海洋的海蛙，對自己感到失望、心寒。

有一天，我看到了周圍的小水井。有些朋友來到廣闊海洋的理由跟我的很相似，我也遇到了一些煩惱和想法類似的朋友。就在那個時候，我突然明白，問題不在於我是井底青蛙，而是在井底過著不幸生活的青蛙才有問題。無論是在井底，還是身處海洋，只要過得幸福就好了。不要試圖成為不像自己的海蛙，也不要假裝自己變成了海蛙，只要我過得幸福就好。那麼一來，無論我在哪裡，都不會因為身處的地方而變得不幸。

二〇一八年進入谷歌之後，我患有嚴重的冒牌者症候群——覺得自己沒什麼能力，變得有氣無力、忐忑不安的心理現象。墜入谷底，我每天都覺得在全球天才齊聚一堂的這裡，我是個不得其門而入的人。我的實力馬上就會穿幫，然後丟臉地被掃地出門的恐懼，導致我深受失眠所擾。我就那樣咬牙撐了一年，後來決定接受心理諮商，重新開始停擺許久的寫作和英文學習，慢慢恢復自信。

二〇二〇年谷歌的下半年考核開始之際，我寄了一封電子郵件給群組裡所有人。我說，不要忘了我們每一個人都是珍貴的特別存在，並分享我的「井底之蛙」文章。我想跟大家分享一個觀點，工作能力或評價無法代表自己的存在價值。所以如果有人跟我一樣折磨自己，過著艱辛無比的時光，那無論如何，我都想幫那個人一把。結果發生了驚人的事。我的電子郵件快速地在公司內部的多個群組流傳，好多人都「將頭探出水井」說自己也是青蛙！看起來聰明絕頂的他們，也跟我一樣默默受傷，正在跟自己奮戰。有些人說看到哭了，有些人說獲得了安慰。傾訴彼此的故事，互相加油打氣。我稍稍敞開了心扉後，來自四面八方的其他人也同樣敞開大門了。我們就那樣敞開心扉，成為彼此的慰藉和力量。

我那不起眼的文章可以安撫人心，幫助他人的經驗，讓我鼓起了巨大的勇氣。我透過演講和社交平台跟人們交流，分享我過去二十五年來的失敗或成功經驗，整理內心和思緒並寫下文章。這本書整理收錄了我換十份工作的經驗、在跨國企業工作所獲得的人生智慧，以及在演講上常被問到的提問等等。

我們做的準備比自己設想的還要充分

三十歲的時候，煩惱真的會變得很多。你會天天失誤，感到失望，懷疑這真的是你該走的路沒錯嗎？會不會太晚了？覺得自己看起來很沒出息、寒酸落魄，未來充滿不確定性，這個世界愈來愈難生存，好像除了你之外，大家都在升級而感到害怕。我也經歷過那種時期。如果你沒錢沒靠山，疲憊於肉搏生存的話；如果你現在想放棄並回國的話；如果你擔心自己是否能辦到而失眠的話；如果你學了十幾年的英文，仍因為害怕說英文而不敢挑戰跨國企業的話，或許我的文章能提供一點點的幫助。

來美國十年後，除了公事以外，我第一次用英文寫下自己的想法，那就是井底之蛙的故事。之所以花了十年才用英文寫出我的想法，是因為我害怕要面對微不足道的自己。在網路上分享那篇故事又花了我十年，或許是因為我害怕向全世界展現我自己、因為我想做得比這更好、因為我必須做得很好才行、因為我很想做好這件事。而那篇故事又花了六個月的時間才寄給谷歌群組內的同事，這也是因為恐懼。在全世界最棒的天才眼裡，我的幼幼班英文寫作不曉得有多不起眼，這讓我覺得很丟臉。每當那種時候，總會有人替猶豫不決的我扣下扳機。我的英文老師、心理諮商師，還有在谷歌的朋友們。

很多時候，我們做的準備比自己設想的還要充分。不對，應該是說很多事情需要做的準備，不如我們想像中的多，這樣說或許更正確。我們真正需要的不是完美無缺的準備，而是對猶豫的自己推一把的朋友，以及扣下扳機的勇氣。

為了出書，原稿我讀了一遍又一遍，反覆修改，始終還是不滿意。我覺得很可惜，如果我的文筆可以再簡練一點、再有深度一點、再優美一點，那該有多好？但是，我現在打算拋棄迷戀了。已經發生的事總是有所欠缺，總是會留下遺憾。我想減少回顧過去的時間，往前邁進。有些人看了我的拙作後，產生共鳴，獲得安慰。也有些人獲得實質的幫助，與我分享就業成功的好消息。我認為那就足以證明這是一件充分有意義的事情。

今天的我不可能完美無缺，跟今天沒什麼不同的昨天的我也不怎麼樣。一個禮拜前的我是如此，一年前的我也是如此。但是那個看似不足的我，度過每一天、每一個禮拜、每一年，過了幾年後，當我回顧過去的時候，我已經不知不覺茁壯成長了。

希望各位不要覺得今天跟昨天沒什麼不同，就停留在昨天，而不活在當下。也不要認為還沒做好迎接明天的準備，就放棄明天。人要活在當下。雖然過著類似的日子，就算今天努力活了一天，好像也不會發生什麼事，然而是這一天天累積起來的歲月，變成一年，變成十年，塑造了自己。每個人都被賦予了時間，而時間公平地流逝著。

慢一點也沒關係，希望今天的我能認真度過這一天。即便有些日子覺得完蛋了，有些日子覺得出了差錯，有些日子想放棄一切，但是能守護我的人只有自己。

如果在三十歲活得像自己，那四十歲之際便能遇見更堅定的、真正的自己。把球握在手中煩惱的話，什麼事也不會發生。將手上的球朝四面八方丟丟看吧。那顆球一定會撞到某處反彈回來。不知道自己喜歡什麼、擅長做什麼、能力到哪裡，這是理所當然的事，所以要先試試看再說。做做看想做的事，嘗試看看不想做的事，也去試試看好像真的辦不到的事吧，那樣才會知道自己是怎樣的人。脫下包裝自己的外殼，穿上各式各樣的衣服看看吧，那樣才會知道什麼模樣適合自己。

希望我的文字能幫助猶豫不決的各位扣下扳機，希望這本書能成為步入三十歲生活的各位的好朋友。我會替認真度過三十歲的各位加油的。

Contents
目錄頁

CHAPTER 2 擬定計畫卻無法執行的話

CHAPTER 3

想做得更好但覺得自己很無能的時候 與全球頂尖人才共事學到的聰明工作法

CHAPTER 4

送給不想在三十歲留下後悔的你 慢慢來也沒關係，堅持自我

CHAPTER 6

CHAPTER 1

覺得只有自己落後而不安的時候

擺脫負面思考的方法

沒錯，我不是一個人。不是只有我在拚命。
光是知道不是只有我覺得辛苦，便是莫大的安慰。

大家一起加油吧！

事情很多但什麼也不想做的時候

全新的職場總是令人難以適應。要重新跟別人建立關係，又要了解組織和內部的情況。在了解專案並能夠做出有意義的貢獻之前，需要付出相當多的努力和時間。我本來預計六個月左右就能適應新工作，但是進入谷歌半年的我，依舊委靡不振。

好像全世界的天才都跑來這裡了。我總覺得自己只是運氣好才會被錄取，並沒有待在這裡的實力。每當那種時候，我就很害怕自己的真面目會被人揭發，常常躲進廁所或在停車場的車子內坐上許久。

也是，畢竟谷歌是「販售夢想」的地方。要解決什麼問題、為什麼要做這個、這會如何改變世界等等，我們經常討論這些宏偉卻模糊的願景。就算只是想新增一項功能，也需要提出各種哲學解釋和意義。討論人類和機械要如何進行對話的時候，也要透過各種詮釋和切入點提出不同的提案。每每看到其他人販售夢想的表演舞台，覺得自己不適合這裡的自責感和恐懼就席捲而來。

令我痛苦的想法有兩個。一個是都到這個地步了，我仍未拚盡全力；另一個是，我好討厭那樣的自己。

明知問題在於目前碰到的情況，我雖然擔心卻又沒有作為，靠吃東西抒壓，拖延該做的事，沉迷於上網。如此一來，我就愈加討厭自己。然後被時間追著跑，分秒必爭地工作，那樣品質當然會下降，所以更加覺得自己快瘋了……我擺脫不了這個惡性循環，這種情況持續了快一年。有一天，朋友勸我接受專家的諮商看看。一年也算徬徨夠久的了，我抱持著抓住最後一根稻草也好的心情，當天立刻預約了諮商時間。

剛開始諮商的那段時間，我努力裝作現在還不到最糟的狀態，沒有表現出真實想法。直到有一天，我說出了煩惱。我說自己並不是很糟糕的人，是可以做得比現在更好的人，但是我不夠自律，又沒有全力以赴，所以才會愈加討厭自己。愈是那樣，我就愈折磨自己。我問諮商師要怎麼做，才能再一次把事情做到最好。

諮商師一邊點頭，一邊聽我說了許久的話，然後開口。

「那是因為妳的身體正在竭盡全力。妳已經筋疲力盡了，所以身體為了維持機能，渴望攝取糖分和高卡路里的食物，畢竟身體還要活下去啊。妳的內心也在盡力找尋可以休息的地方，所以妳才會想要上網。因為妳去到那裡的話，心情會放鬆下來，產生慰藉和安全感。畢竟妳的心也要活下去啊。所以妳現在為了活下去，已經在盡最大的努力了，對自己寬容一點也沒關係。」

聽到那句話的瞬間，我瞬間飆淚。

「我以為自己陷入無力感而不願意拚盡全力，但原來在我鞭策自己的時候，我的身體正在想辦法拚命撐下去，原來我的心也在想辦法盡力活下去。原來在沒有好好照顧自己的這一年來，我的身心奮力掙扎著想活下來，直到我開始照顧自己……」

牢牢束縛住我的罪惡感和自我折磨的情緒好像獲得緩解了。我浮現了一個念頭，不要再對自己置之不理或折磨自己。

諮商師派了功課給我。第一項是記錄每天應該做的事，就算是小事也要記下來。而且每次完成事情的時候，要稱讚自己。第二項是想到什麼就寫到筆記本上，把腦海中的東西都往外倒。

自從那天之後，再瑣碎的事我也會寫進「待辦清單」。我發覺光是把事情列出來，就能消除一大半因為逃避做事而產生的不安。我先是逐一進行安排會議或寄電子郵件等單純的工作，在完成兩項清單上的工作後，通常又會出現三個新的待辦事項，但是因為看得到工作進度，所以受到的壓力變小了。處理瑣事的時候，我開始深入思考令我不安和壓力大的真正原因。是因為我現在感受到的文化衝擊和工作壓力是矽谷的特色嗎？還是因為我跟谷歌合不來？或是因為我們團隊的問題？仔細思考後，問題現在很清楚了，我產生了要換團隊的念頭。幸好我可以立刻換到別的團隊。若想適應谷歌的夢想販售文化，就需要學習英文，所以我開始朗讀英文原文書。每天朗讀一個小時，大概過了半年之後，我的英文實力提升，而且逐漸恢復了自信心。

我現在多少也是個熟練的「谷歌人」了。逐漸積累別人對我的信賴，慢慢成為有影響力的影響者。有人想當我的同事，也有後輩向我諮詢就業問題。二〇二〇年底，我在員工人數超過六百名的部門所屬設計組中獲得「年度設計師獎」。

過去二十五年來，人生有起有落，但是在谷歌經歷的考驗期最為黑暗、漫長、令人害怕。甲殼類動物為了成長，一定要脫掉現在的外殼，經歷一段脫殼期才行。若沒有那段脫殼過程和時間，便無法換成更大的軀殼。成長的歲月似乎總是會伴隨著成長痛。既然容納的器皿已經變大，那現在是時候努力填滿它了。

原來不是只有我很辛苦

為了不要成為井底之蛙，我來到美國留學。但是隨著時間過去，我愈發覺得我的生活範圍限制在更小的水井裡了。韓國教會、韓劇、韓國食物、韓國朋友……如果要這樣的話，我何必在他鄉受這種罪？自責和沮喪的心情折磨著我。說著一口爛英文的日子，聽到遠在韓國的媽媽消息的日子，這些日子總是令我痛苦地懷疑自己「到底是想享受何等榮華富貴才會來到這裡……」就連植物換盆都會感到不舒服了，是群居動物的人類要換個家園更是談何容易。沒錯，打包行李吧！安慰自己，撒手不管，又再次產生力量，這樣的日子我大概過了十年，這才突然明白一件事，就算我是井底之蛙又怎樣？

我們應該要避免的，不是變成井底之蛙這件事，而是在井底過著「不幸福」的生活。是井底之蛙又怎樣？在井底過得幸福就好啦。如果在水井裡過得不幸福，那跳出來過幸福的生活就好啦。不想當青蛙的話，別當就是了。雖然實際上要改變與生俱來的事物並不容易，但是既然如此，那還是快點接受自己做不到的事實，然後往前邁進，對精神健康才好，而這也是變幸福的捷徑。幸福來自於自己，是青蛙又怎樣？

你聽說過「井底之蛙」這句成語嗎？這句話指的是活在被孤立的狹小世界中，以為那就是全世界的人。如果是在韓國出生長大的人，應該很常聽到這句話。

「不要當井底之蛙，夢想做得大一點，挑戰一切的可能性看看吧！」

我常受到這種話的刺激，所以才會下定決心來美國。我不想變成井底之蛙，我想在浩瀚海洋上探險。

但是大海真的好遼闊、好鹹，又波濤洶湧。自從來到大海之後，我人生的每一刻都在為生存而戰。我得學習怎麼在深海游泳、怎麼覓食、怎麼跟海龜對話，也要學習怎麼跟魚群變成朋友。情況愈是艱難，我就愈努力想成為鯨魚。就那樣奮力掙扎幾年後，我終於發現一座可以休息的小島。我真的很需要休息。

島上的生活舒適便利。有可以飲用的清水，也有可以自在聊天的青蛙朋友。雖然出海的話，我依舊得為了生存而拚命，但至少我現在有一座可以離開大海，上岸休息的島嶼了。

可是我愈來愈常覺得寂寞，感覺被困住了。這不是我夢想中的海上生活。還在井中的故鄉好友們都覺得我是一隻厲害的青蛙。吃驚於我在海裡游泳，跟海龜聊天的樣子，羨慕在大海生活的我。對他們來說，我生活的島嶼太遠、太小了，所以他們看不見這座小島。

我感到混亂。我是誰？為什麼會在這裡？因為不想當井底之蛙，所以離開了那個地方，但現在卻生活在四面環海的更小的島嶼上。我不幸福，我對自己很生氣。有一種雖然過了很久，但什麼也沒改變的感覺。

幾年後，我才知道原來還有其他島嶼，驚訝的是數量還滿多的。於是我開始拜訪鄰島，結交好友。感覺到自己不是一個人，然後忽然明白我一直忘記了最重要的、與這一切有關的關鍵事實，那就是——我是一隻青蛙。過去這幾年來，我只注意到自己身處何處，是在水井裡嗎？還是大海或島上呢？而且還拚了命想變成不是青蛙的

「海蛙」之類的新存在。但是，這世界上沒有那種存在。我生下來便是青蛙，所以過著青蛙的生活並沒有錯。

自那時候起，一切都變了。我不再折磨自己，我現在知道自己是一隻多麼伶俐勇敢且美麗的青蛙。想要的話，我可以在海裡游泳，不想游的話也可以搭船。需要幫助的話，可以跟大海的朋友們說，就算我沒辦法完全了解他們說的語言也沒關係。

海上生活依然是一場大冒險。大海中也有瞧不起我這種小青蛙的朋友，但我現在已經不太在意了。我知道他們也是從自己的那口井跳出來的。我居住的島嶼愈來愈穩固，不斷變高、變大。

知道自己從哪而來，隸屬於哪裡，是很重要的事。但最重要的是，明白並接受自己是誰、怎麼誕生的，還有想要怎樣的生活。

我叫金恩住，是一隻幸福的青蛙！

谷歌的績效考核機制出了名地讓人焦慮。首先，要用華麗的文筆寫自介，然後（有策略地）指名六到七名同事當評估者。如果是升遷候選人的話（想在谷歌升遷要自己來，自己決定升遷的時間點，擬定升遷案例和策略），要付出極大的心力和時間證明自己升遷的正當性。接下來的程序更要過五關斬六將。經理們聚在一起召開校準

（Calibration）會議，展開激烈的神經戰和攻防戰，像是為什麼要給A打這個分數、為什麼B無法升遷。這樣的過程持續快兩個月，雖然對所有人而言都很有壓力，但是對在語言或文化方面沒接受過這種訓練的外國人來說，是更加痛苦的旅程。這對生性內向或本身職種的成果不容易數值化的人來說，也是很辛苦的績效考核體制。情感比較豐富的設計師經歷這個過程之後，可能會因為傷到自尊心，而變得畏畏縮縮，垂頭喪氣。

收到二〇二〇年績效考核開始的電子郵件後，我想起了二〇一九年第一次經歷考核評估，因而精神崩潰的自己。所以我寫了一封主旨是「井底之蛙」的電子郵件，發送到谷歌全體設計師群組中。我想傳達的訊息是，在這艱辛的過程中，我們是人，不是為了取得成果而存在的工廠機器人。不要忘記評估表無法全部納入的個人價值，評估不是「自己」的答辯人。沒想到好多隻青蛙接二連三地「出櫃」了。這封信被轉發到更多的群組，我收到了無數封表達共鳴的電子郵件。有些人寫信跟我分享自己的故事，有些人請我進行一對一面談。我只不過是說出過去這些年來的孤軍奮戰，傳達即便自己是青蛙也沒關係的訊息而已，真沒想到四處都有青蛙出櫃！

沒錯，我不是一個人。不是只有我在奮力掙扎。光是知道不是只有我這麼辛苦就是莫大的安慰了。大家一起加油吧！

別怕！死不了的

二〇〇〇年代初期，有一本引起「讚美熱潮」的百萬暢銷書。那就是布蘭查（Kenneth Blanchard）的《你好棒！鯨魚訓練師告訴你讚美的力量》。韓國人向來對稱讚感到難為情，我想這是讓那種韓國文化去蕪存菁的熱潮吧。然而，我對這一波的讚美熱潮感到極為不適。好像都沒人想知道鯨魚為什麼必須懂得跳舞[1]，也不在乎跳舞的鯨魚是否幸福。大家都對鯨魚會跳舞這件事感到狂熱，因為讓鯨魚跳舞的人是自己而沾沾自喜的模樣讓我覺得很尷尬。隨後，主張讚美內容比讚美行為本身更重要的讚美技巧等相關講座和理論也開始盛行。這一切看起來就像芝麻油生意人想盡辦法多榨出一滴油也好。「這都是為了你好」，隱藏在這句話背後的說話者的欲望讓我很不舒服。

近來，韓國經濟增長緩慢，失業率又高，因此打著「沒關係」的口號，安慰受挫的年輕人的書籍和文章變多了。毫無預警就出現的新冠病毒令全球陷入新冠憂鬱（Corona Blue，新冠疫情引起的憂鬱症），現在的我們比起讚美，更需要的是安慰。

1 本書註解全為譯註：韓國有句諺語是「讚美也能讓鯨魚跳舞」。

有一次，我和正在念國中的女兒一起散步，我突然好奇地問她，段考沒考好或跟朋友吵架的時候，如果有人安慰她說「沒關係」的話，有什麼感受？結果女兒一秒也沒猶豫便回答了。

「拜託，離我遠一點！」

我問她為什麼這麼說，她說自己並不覺得沒關係，但對方卻說沒關係，這就代表對方並不了解自己，所以反而會覺得更難過。接著女兒又說，明明覺得有關係，但是如果聽到「沒關係」這句話，好像就得迎合對方的話，讓自己好起來，所以她不喜歡聽到這種話。仔細想想，我也有過類似的想法。有沒有關係，我自己比任何人都還清楚。如果有人對我說「沒關係」的話，有時候我會覺得沒有人懂我，因此深陷於泥淖之中。

「你懂什麼！」

二〇二〇年十一月，西雅圖地區的韓國人IT專家聚會「創發」邀請我去演講，聽眾是準備就業的韓國青年。我在結尾說的最後一句建議便是：

「各位，別害怕。」

沒想到整場演講當中，最後說的這句話所傳達的訊息最震撼聽眾，引起了許多人的共鳴。很多人跟我道謝，說自己產生了勇氣，再也不害怕了。

這麼想來，身處這個時代的我們需要的話語不是「沒關係」，而是「別害怕」吧。我們處在一個不太好的情況當中。這個新冠病毒造成的離譜的超現實情況，應該還會繼續折磨我們好一陣子。這是已經發生的既定事實，而且沒有人可以置身事外。

基本上，當某件事的結果完全無法預測，或是預測結果中包含危及性命的結果時，我們就會感到害怕。不過，至少跟職涯相關的事物不會危及性命。在網路上公開我的帳號、開始經營訂閱人數是零的 YouTube 頻道、向一百間公司投履歷，或是不假思索地聯絡他人，這些事情都不會危及性命。在現在這種很難面對面交流的時期，也幾乎不會發生看到對方而感到難為情的情況。

你衝浪過嗎？起浪的時候，要配合海浪的節奏一起奔跑，再站上海浪。如果因為害怕而猶豫不決的話，只會喝一肚子的海水，被海浪沖上岸。新冠病毒在整個社會當中掀起了驚濤駭浪。企業倒閉和員工被解雇的消息層出不窮。就業市場停滯不前，經濟負成長也將持續好一陣子。我們要打起精神，站到海浪上，讓這波海浪越過我們。現在這個時期人人都覺得艱辛，讓我們一起越過海浪吧。

別怕！死不了的。

擁有堅定強大的自尊心——新穎的心靈整理術

保持長久職涯的秘訣是樂在其中地工作。都說天才贏不了努力的人，努力的人贏不了享受的人。要怎麼做才能長久地開心工作呢？如果想體會到工作的樂趣，那就要找到符合你的個性和適性的工作；如果想保持長久的職涯，那就要利用自尊心來鍛鍊「心靈肌肉」。

每當我在求職面試或公司簡報場合上，看到特別沒有自信的人時，都會為之惋惜。大部分的情況都是本人對闡述的內容沒有熱情。如果是自己都不喜歡的東西，那在跟別人推薦的時候，絕對說服不了對方。

想要做出改變的話，首先得先意識到目前的問題，並知道該前往的地方（目標）和實踐方法，但自尊心屬於心靈的範疇，所以要做到這三樣並不簡單。如果你的目標是減肥，那很容易意識到問題為何，關於如何實踐的相關資訊也是唾手可得，所以只要去實踐就可以了。如果你的目標是學英文的話，同樣也很容易發現問題點在哪，而且實踐方法多元，所以只要付出時間和努力就能解決這個問題了。然而，我們的心靈卻不是這麼一回事，首先要意識到自己的狀態就很難了。連問題本身都沒意識到，自然也不會產生要改變的意志力，因此才會繼續陷在泥淖中或沒來由地感到徬徨。

任何事物的整理都是從分類開始的。無論是打掃房子、整理文件或個人習慣，都要把東西分類成要留下來的、要丟掉的和要避免的。只要使用相同的方法練習整理心靈，培養習慣就可以了。

心靈整理術

① 要留下來的：對自己的讚美與正面想法

在自尊心低落的狀態下，聽到他人的讚美時，我們會浮現這樣的念頭：

「不可能。」（否定）

明明聽到了讚美，卻立刻否認甩掉。這就像收到了香奈兒包包，卻不知道它是香奈兒包包。

「這一定是為了讓我心情變好才說的話。」（曲解）

明明是讚美，卻把它視為辱罵。這就像收到香奈兒包包，卻覺得它是假貨而亂放。

「那又怎樣？其他事情我還是搞砸了啊。」（偏見詮釋）

不思考獲得的讚美內容，而是聯想到別的地方去。這就像收到了香奈兒包包，卻因為今天的失敗髮型而感到憂鬱。

新來的多美說聽過很多關於我的好評。

本來打算聽聽就好，但我細細咀嚼了一遍並放在心裡。做得很好。

——節錄自二〇一九年十一月二十日的日記

② 要丟掉的：心靈垃圾

垃圾要盡快丟掉，才不會腐敗長出蒼蠅。剛開始分辨垃圾的時候，會需要花一點時間，但是持續練習的話，就會掌握訣竅，速度加快。心靈垃圾包含從外部接收到的、自己製造出來的垃圾。來自外部的垃圾要快點丟到垃圾桶。

「妳變胖了耶！」、「你今天怎麼穿成這樣？」、「沒有化妝看起來好怪喔」等等，這種別人隨口說說的廢話便屬於垃圾。

如果有人丟垃圾給自己的話要怎麼辦？那當然是丟到垃圾桶就可以了。

——節錄自黃珍英YouTube影片〈嫻熟應對沒禮貌的話的正念〉（무례한 말에도 내공있게 대처하는 마음챙김）

自己製造的垃圾如下：

「我果然不行。」

這是基於過去的經驗和記憶，折磨現在的自己的情況。過去的事必須拋開，讓它成為過去。

「就算申請了也會被淘汰。」

這是擔心還沒發生的未來，放任現在的自己不管的情況。

「如果公司倒閉，我被開除的話怎麼辦？」

這是拿自己無法控制的事折磨現在的自己的情況。

請確認看看你現在是不是帶著一堆這樣的垃圾在身上，如果是的話，那應該快點練習丟掉。雖然丟東西需要很大的決心，但是要挖掉根深柢固的內心疙瘩同樣也需要極大的努力。

③ 要避免的：負面的、厭世的、冷嘲熱諷的人與內容

丟掉或留下的練習做久了，自然而然地會開始看見當初就不應該吸收的東西。就

像購物時需要合理消費，我們的心靈也需要合理的消費習慣。每個人都公平地被賦予了一天二十四小時，我們在這個時間裡跟人見面、工作和思考。與其花時間反覆把不必要的東西放入內心空間再分類丟棄，還不如一開始就封鎖源頭，不要製造垃圾。這麼做才是明智之舉。糟糕的氣味難聞，臭味持久，所以最好遠離負面的、厭世的、冷嘲熱諷的人與內容，躲得遠遠的。

為了搶走人們的時間、為了靠廣告賺錢，新聞不斷播報令人上癮的辛辣故事。為了獲得「按讚數」，社群媒體美麗地包裝虛假的事物。大部分負面的人都是膽小鬼，所以會試圖把自己的害怕散播給其他人，躲在群眾當中。這種人對我們的人生沒有幫助，避開他們吧。

我們要當自己內心的主人。若想做到這一點，就需要練習把情緒具體化，看見精神的實體。不可以放任自己處於心情不悅、憂鬱或痛苦的狀態，必須替情緒取名字、釐清原因並面對自己的內心。

如果有心願意努力去理解其他國家的文化、未知生物或遙遠的宇宙行星，
那麼付出相同的努力去理解我們的內心，也是很有意義的事。

——節錄自哈拉瑞，《二十一世紀的二十一堂課》

天天保持好心情——鍛鍊心耐力的三種運動

前面我分享了提高自尊心的心靈整理術。我說要把情緒具體化，看見精神的實體，要面對真正的自己並安慰療癒自己的內心，你或許會覺得這些金玉良言你都明白，但實在不知道該怎麼做……我以前也是因為找不到答案，鬱悶了很久。

先來看看為了身體健康，我們要做的事有哪些吧。

定期做健康檢查，是為了預防疾病或及早治療；生病去醫院，是為了接受專家的診斷與治療；攝取良好的飲食，是為了提供身體所需的營養成分；運動鍛鍊體力與肌力，是為了管理健康。

那麼，我們是不是也可以跟照顧身體一樣，為了心靈健康而實踐這些事呢？接受專家的幫助，攝取好的營養成分，鍛鍊肌力就可以了吧。我想分享幾個我為了心靈健康而嘗試過的有效方法。無論做什麼，重點都是持之以恆，養成習慣。如果你是做事只有三分鐘熱度的人，那就試著下定決心每天做三件事吧。

鍛鍊自尊心肌力

①感恩筆記

讀完歐普拉（Oprah Winfrey）的《關於人生，我確實知道……》後，我發現了一個訣竅，那就是睡前（或隨時）花十分鐘左右，在筆記本上寫字。剛開始我是回顧一整天，寫下令我感謝的事物。久而久之，變成寫下三件感謝的事、三件做得很好的事和三件感到遺憾的事。起初，我十分茫然，真的想不到要寫什麼。因為是跟昨天相似的一天、沒什麼特別的一天，又或者是亂七八糟的一天，所以無論是感謝的事，還是做得很好的事，我都想不到。但是隨著反覆的練習，強迫自己再三思考，擠出想法之後，我忽然開始對意想不到的事情感到感恩，心滿意足。堅持看看的話，你也可以取得以下的成果。

首先，你會開始仔細觀察自己的內心。今天一整天發生了什麼事、為什麼會產生這樣的情緒，細細剖析整理（分類），認真看待憂鬱的情緒。

著名認知心理學家兼行為經濟學家康納曼（Daniel Kahneman）進行多項實驗後，整理出一套理論。他說幸福感不是經驗的客觀累積，而是取決於我們記得什麼。控制著內心的記憶非常主觀，因為存在偏見，所以有時候轉瞬即逝的事會烙印在我們心裡，實際發生過的好事有時也會被我們抹去。因此，回顧一天修正記憶，對於鍛鍊心靈十分有幫助。試著寫下感謝的事和做得很好的事看看，你會發現今天沒有想像中的糟糕。

第二，每天寫感恩筆記的話，發生某件事的瞬間（因為有過以後再寫卻不記得內容的經驗），你會很自然地主動立刻記錄下來。如此一來，那瞬間的感激心情和短暫的幸福感就能更清晰地留在記憶中。在每個瞬間認知到自己的內心狀態，是很重要的開始。

第三，更關心周遭發生的事情。老公說的話、小孩說的話或上司說的話等等，你會養成留意傾聽他人說話的習慣，還會稍微更勤勞地觀察周遭。簡而言之，就是在日常生活中勤奮地進行活躍的大腦運動。那麼，「心靈肌肉」自然會變得結實。

第四，文字是讓想法變得具體，面對內心的最佳工具。不要把想法留在腦海裡，要寫在筆記本上。那樣才能把想法實體化，看見自己，作出精準的心靈診斷，並恢復自尊心。如果說心情是模糊不清的感覺，那麼想法是在腦海裡憑感覺創造故事，而文字則是像照片那樣把想法保留下來。

二〇一九年十一月十八日——

煩惱了一會，主動跟芭比（我的部門副總）打招呼，做得很好。

二〇一九年十一月二十一日——

克服恐懼，走向白板描繪想法，做得很好。擺脫恐懼的話，我也沒那麼糟。

二〇一九年十一月二十二日——

一週過去，來到星期五了，謝謝。跟阿姨一家約好要一起吃晚餐。

感謝沒有拖延這個念頭就實踐的自己。

二〇一九年十一月二十五日——

早上去上班的路上，發現後視鏡沒有打開。

不曉得該怎麼辦，所以打電話給老公了。

謝謝老公沒有因為我為了這點蠢事就打電話給他而生氣。

②攝取好的精神糧食

經過分類回收，丟掉心靈垃圾之後，當然要用好的東西來填滿心靈。這種時候，最好接受專家或有經驗者的協助。

第一種精神糧食正是讀書。在這次的寫作過程中，我再次體會到文字是整理過的權威版想法。有別於不經意說出口的話語，文字是長時間爬梳想法，修改訊息，經過精心打磨的思考產物。即便只是寫一篇貼文，也需要一定的寫作功力，而在一本書問世之前（長久以來受到歡迎的經典書籍或全球暢銷書更是如此），作者會度過一段刻骨的精神修養時光。好書是使內心堅定的一大助力。

不一定要看心理勵志或宗教類書籍等療癒心靈的書，有時候像垃圾食物一樣的書也有幫助。也不用努力一口氣讀完。一個章節也好，一個段落也罷，重要的是花足夠的時間來思考內容。為了心理健康而讀的書並不是為了考取學測高分而念的書。堅持不懈地慢慢做打動你的內心的運動，比速度和閱讀量更重要。

第二種精神糧食是聆聽優質的演講。在盛行知識分享與自媒體的現代，YouTube影音平台上多的是優質的演講，例如TED（美國非營利組織主辦的演講）或Sebasi Talk（韓國CBS演講節目《改變世界的十五分鐘》縮寫）等等。建議大家每個禮拜觀看一、兩支優質影片，並練習反覆咀嚼，將內容記在心裡。不過，如果看太多，沒有足夠的時間消化內容的話，就會產生副作用，陷入好像只有我怠惰軟弱的自責沼澤之中。因此，最好適當地觀看影片和花時間思考。

仔細看看YouTube演算法推薦給你的影片吧。那你很快就會明白自己一直以來都在看什麼影片，哈哈。

金美敬講師曾說：「如果智商不夠高，就會把自己的不幸放大來解釋，所以我們必須學習。」我百分之百認同這句話。我在前面提過心靈的分類回收。若想做垃圾分類回收的話，就需要學習。因為資源回收物、廚餘、家具和家電的大小、外觀與材質各不相同，丟棄方法也不一樣。同樣地，做心靈的分類回收時，也需要學習。如果只知道「憂鬱症」這個單字的話，那所有的情緒都會和憂鬱症劃上等號。在精神醫學還不發達的年代，所有的心理疾病都被混為一談為「癲癇」，各種腸胃疾病也曾一律被稱為「腹痛」。如果想具備心靈上的力量，就得提升可以診斷心靈並表達出來的詞彙能力。

③ 分散快樂來源

我們每個人都扮演著多種角色。我是設計師，同時也是母親、妻子、女兒、媳婦和朋友。對某些人來說，我是顧客、雇主、鄰居或在網路上寫作的部落客。這所有的角色都是「我」。

我們之所以會內心受傷，往往是因為我們付出了所有的感情。但是在付出一切之後，受傷的情緒不僅很難恢復，承擔的風險也很大。盡可能把快樂分散成「多個我」的話，快樂的密度不會變低，硬度和總量反而會上升。

最近很流行多重自我或「副角色扮演」，這跟「多個我」是一脈相通的嘗試。我最近沉迷在扮演副角色「ＥＫ」的樂趣之中，經營著名為「ＥＫ的職涯筆記」部落格。ＥＫ認識很多在現實生活中見不到的人。在日常生活中，我的人際關係是有限的，但是ＥＫ會跟來自全球各地的網友交流，像是新加坡人、香港人、中國人或澳洲人等等。我無法豪邁地把自己推到眾人面前，但ＥＫ就很厚臉皮又會裝模作樣。ＥＫ為我注入一股活力，使我的整體自尊心提升，樂趣指數也變高了。這就是副角色的正面力量。

透過肌力訓練來鍛鍊肌肉，需要付出長時間的努力。而心靈也需要進行肌力訓練，自尊心則像心靈的結實肌肉。為了產生持久的力量，開始做適合你的自尊心運動吧。

遠離造成壓力的人的方法

在職場上受到的壓力大概有百分之八十都是來自人際關係。然而，不僅職場生活是這樣，我們大部分的壓力皆來自與他人的關係。人是群居動物，不可避免會碰到這種事。每個人的處境都不一樣，我不是很精通處世之道，也沒有什麼妙招，所以要寫關於人際關係時，我猶豫了許多次。不過，我想跟各位分享一些壓力管理心法。

若是調查上班族辭職的原因，「因為跟上司或同事起衝突」總是榜上有名。過去二十五年來，我也遇過不少怪人。綜合我在職場面對過的許多人，我的結論是到處都有怪人。對某人來說，我也有可能是個怪人。

很多人誤以為月薪是基於技術與專業工作能力所支付的報酬，但月薪其實是針對成果所給予的酬勞。然而，不是一個人做得好，就能取得成果，而是要透過合作產出成果。也就是說，月薪是你跟別人共事的時候，付出的精力、時間和情緒勞動的報酬。我認為跟情緒勞動相關的報酬占了月薪的一半以上，所以上司或同事對我造成的壓力即是賺錢的壓力。賺錢本來就很辛苦。

受到人際關係壓力的時候，我會使用兩種解決方法。第一種是掌控心態，第二種是作個了斷。這兩者的共同點是，掌控權在我手上。

在長期患有鬱火病之後，我得到的領悟是，我不可能改變別人。我想讓不可能的事變得可能，所以才會得鬱火病。所以說，專注於自己做得到的事情和可以改變的事情是最好的。

掌控心態

第一，要熱愛你的職業，這是重點。如果你的工作和職業無法為你帶來快樂，那就得先從這裡開始思考了。想戰勝壓力的話，得要有來自工作的意義和快樂。如果沒辦法從工作中感受到樂趣的話，那就要先思考看看這份職業是否適合自己。

第二，現在的職場是實踐職業的無數選項之一，所以不要將職場和你的人生混為一談。你隨時都可以離開。（如果不想被「職場」吃得死死的，那你需要足夠的自信與努力，就算不是這間公司，你也能賺錢餬口。逼不得已撐下去和選擇撐下去，這兩者天差地遠。）

第三，職場只是提供勞動，領取薪水的地方，並不是學習的地方。如果你的目的是學習，那應該要去上學或補習。

第四，不要對他人抱持太大的期待，通常期待會帶來失望。期待上司比自己更清楚某件事、期待高層會有不錯的長遠規劃、期待開發人員很了解開發……不要抱持期待，對你的精神健康比較好。

第五，「沒有東西可學」這句話同時也意味著，自己的學習能力退步了。「學習」是主動詞，沒有「被學習」這樣的說法。即便是在同個地方經歷同樣的事，有些人會學習成長，有些人卻停滯不前。如果真的很需要出氣解悶或借酒澆愁，那讓自己放縱個一天，然後繼續往前走吧。

第六，利用新穎的心靈整理術，分類回收每一天的情緒。當天在公司發生的傷心事、令人不開心的言辭或好話等等，逐一分類，該丟掉的丟掉，該留下的細細咀嚼，並提高自尊心。因為自己很珍貴。

作個了斷

除非你是道人，不然心態掌控得再好，總有一天也會達到無法承受的臨界點。而且每個人可以忍受的「雷點」都不一樣。

吃晚飯的時候，我問正在念國中的雙胞胎女兒最討厭怎樣的人，結果海娜討厭負面的人，宥娜則是討厭說話拐彎抹角的人。（說話拐彎抹角的人很討厭，這個答案完全出乎我的意料，真有創意，哈）

說話大小聲、冷嘲熱諷或喋喋不休的人，我都很能忍。當我處於那種情況或跟那種人對話的時候，我常常想像自己是在看喜劇。我的「雷點」是被噤聲。如果有什麼好奇的事，我非得打破砂鍋問到底才甘願。而且我習慣一邊說話或寫作，一邊思考。對我這樣的人來說，「閉嘴，老實待著」這句話就像無法呼吸般難以忍受。我會提起別人覺得麻煩、害怕或忌諱而不願意提起的事。我的雞婆個性是讓我爬到現在這個位置的優點，同時也是拖延我升遷速度的缺點。過去二十五年來，我遇過兩次因為上司而換職場的情況，一次是我離職，另一次是換團隊。我透過這樣的方式來作個了斷。

面對人生的抉擇時，我們常常是在選擇更能忍受的那個，而不是更好的選擇。例如，是要留下來忍受瘋子上司，還是要離開並忍受捲土重來的痛苦。

如果你認為繼續撐下去是在啃噬你的靈魂，那麼快點「賠錢出售」才是正解。雖然撐下去的毅力很重要，但是可以在必要時刻一刀兩斷的勇氣和判斷能力也很重要。這不代表你是魯蛇，也不意味著放棄，你是在保護自己。

☆ ☆ ☆ ☆ ☆

偶爾我會對某人生氣地說：「你變了。」但其實那個人沒變，只是我發現了原本不知道的事……圓柱體從上面往下看是圓形，從側面看則是四邊形。我們連自己都不是很了解，怎麼可能了解別人呢？所以，不要輕易對別人下判斷。在人際關係之中，我們能做到的只有掌控自己。

這些話送給職場媽媽的妳❶

滿三十歲那年，我生了一對雙胞胎。雖然我不是「一定要小孩」但也不是抱持「絕對不生小孩」的態度，所以我覺得要懷孕產子的話，在三十五歲之前做這件事比較好。然而，直到要備孕了，我才知道原來懷孕不是下定決心就能做到的事。

女人擁有的資源有限，不如男人多，令我備感壓力和焦慮。我第一次切身體會到為什麼男人和女人肯定是不同的物種。經歷幾次的自然受孕失敗後，我接受了不孕症檢查，嘗試人工授精，但就連那也失敗了，因此決定進行試管嬰兒。那是必須完全由我一人經歷的時間。無論是保持健康的身體狀態、天天注射荷爾蒙或取卵移植，全部都得由我的身體來完成。

我就這樣懷上雙胞胎。

當時我在摩托羅拉才剛當上經理。像我這樣精通整個系統的員工並不多，數不清的電信公司要求事項、各個機種的功能，還是新產品路線圖，通通都記在了我的腦袋裡。才剛宣布升遷為經理，就要告訴公司我懷孕的事實讓我覺得很有壓力。在團隊中，我是個新來的東方人女經理，本來就能感受到組員對我投以不安的眼神，結果現在還懷孕了……但是我的肚子大得太快，根本來不及隱瞞懷孕的事實。

幸好害喜症狀不是很嚴重，我順利度過懷孕初期，進入中期之後，在接受第二十九週檢查時，醫生說我的子宮頸打開了，所以我被送到急診室。我是趁午餐時間抽空去做檢查的，所以慌張之餘，還是念念有詞地說「我要去公司，下午有重要的會議」。哭笑不得的醫生像在看有什麼重大交易要進行的執行長般，千叮嚀萬囑咐我必須盡快去急診室。

各式各樣的超音波偵測儀器放在我的肚子上，可以看到螢幕中每隔五分鐘收縮的子宮。醫護人員開始給我用藥，為早產做準備。就那樣觀察了三天之後，醫生開了「乖乖躺在床上」的處方後就讓我出院了。我心想糟糕，工作還沒有交接，待處理的工作又堆積如山。還要安排組員的工作目標，規劃明年的計畫，將在中國上市的產品相關重要決定也還沒有確定，我就得在家工作了。幸好身體沒有異常或感到不適。

我就這樣等到懷孕第三十七週才進行催生。二〇〇七年四月十一日，我帶著待產包離家的那天，芝加哥大雪紛飛。我選擇的是自然分娩。美國的孕婦通常是在病房待產和生產，但是我生雙胞胎的時候，是在手術室生產的，以防發生緊急事件（手術）。光是醫護人員就有十六名，所有人都聚在手術室裡，小兒科和麻醉科等多名醫護人員協助我生產。

幸好第一個孩子順利生產。生產前醫生跟我說明過，老大出來之後，老二沒有在十分鐘內出來的話，可能會在子宮裡窒息而死，所以到時候他會徒手把孩子拿出來。過了七分鐘都沒有動靜，醫生立刻抓住老二的腳，將她拉出來。我以為生完小孩就結束了，結果醫生說胎盤也要剝落才行。但是過了三十分鐘、過了一小時，胎盤依舊出不來。兩名健壯的男護理師用手壓我的肚子，奮鬥了幾個小時後胎盤才終於剝落，而我隨即被送到恢復室。

在恢復室等我的娘家媽媽看到我因為醫院空調冷得瑟瑟發抖，因此面如死灰。媽媽用破碎的英文單字比手畫腳，哀求著說「拜託救救我的孩子」的樣子，我至今歷歷在目。對了，我也是媽媽的孩子啊。

由於我生產的時候，陰道出血過多，所以短暫失去了意識。我能感覺到自己的意識逐漸模糊，原來這就是難產而死的念頭一閃而過，就連孩子的臉都想不起來。接受輸血的當下，我好像只有一個想法，那就是不可以暈過去。

女人要親身經歷並承受這所有的過程。「不是只有妳才這樣，所以不要太害怕」是最侮辱人，也是最傷人的一句話。我的經驗是只有我才經歷過的我的痛苦。經歷過這個過程的話，就會切身明白為什麼男人和女人一定是不同的物種。曾經待在我的肚子裡的生命，我歷經生死關頭而誕下的孩子，是完完全全由我創造的生命，這使我產生了名為責任的沉重（無法言喻的）情感。所以母親對待孩子的本能行為和父親的態度，從本質上就不一樣，（雖然覺得很冤枉）這或許是理所當然的常理吧。

我之所以鉅細靡遺地描寫我的懷孕和生產過程，是因為我沒有什麼建議可以給各位。決定要生小孩的話，這是非跨過不可的關卡。是誰說躲不掉的話就享受其中？閉嘴吧！可以避免，但一旦發生卻無法享受其中的就是懷孕和生產了。

如果知道不是只有自己受難的話，委屈的心情會不會平復一點點呢？如果有人說那不是我的錯，我會獲得安慰嗎？所以啊，各位不要覺得孤單，雖然這段期間得由妳們一個人咬牙撐下去才行，但是隨著時間過去，妳們很快就會遇見撐下來的戰友們……所以再加油一下下吧……

希望我可以鼓舞某個人……

這些話送給職場媽媽的妳❷

包含戀愛期在內，過了十四年之後，我的先生成為了父親，而我當上了母親。在生小孩之前，我們只能想像自己為人父母的模樣。但是，沒有人告訴我們那代表了什麼、需要做怎樣的準備、會遇到怎樣的事。就像我跟先生兩個人來到美國，展開留學生活，育兒也是我們兩個人要做的事情。在毫無防備的狀態下成為新手爸媽的我們，花了很長一段時間適應育兒生活。

家事多了三倍。

我常聽別人說生小孩的話，就是多了「育兒」這份新工作，所以我一直在給自己作心理準備，但我萬萬沒想到育兒還包含了家務事。跟先生兩個人生活的時候，得過且過也可以。我們只在客人來的時候打掃，衣服累積一週或兩週再洗就好，不想吃東西的話就餓著，不想做飯的話買來吃或吃泡麵充飢就好，所以沒什麼需要我們分擔的家務事，是我一個人動動手也能完成的工作。

可是，自從孩子們出生之後，天天都要拖地。一天不拖的話，小孩在地上爬行時，可能會撿起不能吃的東西塞進嘴巴。衣服要兩天洗一次，買菜和下廚也是免不了的。我第一次對家事的分配感到不滿。

真不公平。

身為新手媽媽的我，最大的不滿就是不公平，覺得很委屈。我在男尊女卑的觀念根深柢固的父母膝下長大，「因為妳是女生，所以不可以」這句話總是令我戰鬥力滿點。在成長的過程中，我很想證明沒有什麼事是女生不能做的，所以我對因為是女生而受到的不正當待遇很敏感。

但是當父親的先生和當母親的我並不一樣。當了媽媽之後，我的全身細胞都對孩子有了感覺。或許是因為孩子是在我的肚子裡待過的小生命，所以我得對這個小生命負責的心態不是出於理性的思考，而是出於動物本能所產生的心態。因為理性和本能的差異，父親和母親的育兒方式當然很不一樣。

下班回家之後，搜尋育兒資訊變成了我的工作。要打什麼針？現在這個週數的嬰兒應該餵食什麼？孩子為什麼會哭？過敏源檢測是什麼？要怎麼做睡眠訓練等等，要學習的東西太多了。我突然變成這個聽都沒聽過的領域的新手，必須到處打聽、詢問連正確答案也沒有的事。但是先生的生活看起來卻絲毫未變。下班後，他依舊是找業界動態新聞來看，並跟我分享相關的新消息。我被籠罩在職涯落後他人的不安感之中，但是先生看起來一點變化都沒有。我真的好鬱悶啊。

他描繪的聖母像，我描繪的聖父像

跟先生相處了十四年，我自認為對他無所不知。我們很合得來，雖然性情和個性不同，但很多時候反而因為這樣而更好。我們也會尊重彼此的價值觀和人生態度。然而，變成孩子爸爸的他讓我感到陌生，變成媽媽的我對他來說也很陌生吧。有了小孩的話，婚姻生活會邁入跟以往截然不同的新時代。

最難滿足的是先生所描繪的聖母像。他描繪的聖母像當然是源自他本人的經驗，但我達不到他的標準。先生的母親是我至今見過的母親之中，最犧牲奉獻、最慈愛、最有耐心的人。先生會覺得「媽媽就應該那樣」也是理所當然的事。我們對彼此失望，感到陌生。先生明明是我在這場育兒戰爭中的唯一戰友，因此我更加討厭、怨恨他了。畢竟期待愈大，失望就愈大。

如果說女性通常在三十幾歲經歷懷孕、生產和幼兒期育兒的話，那麼在職涯當中，這段年紀正是工作上手，開始飛黃騰達的時間點。但是有孩子的話，這段職涯中最重要的時期會被打亂。在那段期間裡，我唯一能做的是堅持撐下去。盡可能養精蓄銳，繃緊神經，總是以「我」為第一優先，等待那段時間過去。

時間過去了，奇蹟般地流逝而過。那是一條看不見前方，卻有盡頭的黑暗隧道。有盡頭的隧道走著走著，總有一天必定會穿越過去。

先生也在穿越隧道。有時候因為黑暗而看不見前方，有時候也會被掙扎的手臂打中。不幫助迷惘的我的他，雖然有時候很無情，但他也是一邊徘徊，一邊默默往前走。希望我們沒有給彼此造成太大的傷害……

摸黑穿越隧道，在盡頭看到他的時候，我感到欣喜若狂。很高興見到你，老公！

☆☆☆☆

百日育兒奇蹟什麼的，沒在我身上發生，也沒有出現熬過孩子滿週歲就能喘口氣的奇蹟。我的孩子到了四歲左右，可以獨自排便的時候，看起來才總算像個人類。所以如果有人問我什麼時候育兒生活才會輕鬆一點的話，我會說忍耐到孩子四歲吧。

擺脫負面思考的七種方法

有許多人對他人的視線和評價很敏感，因為自卑感和對自己的負面想法而受苦。我也曾經那樣過。我想，這應該是與生俱來的秉性、生長環境和現況，使自己產生那種想法的。

雖然我現在大概克服小時候令我苦不堪言的自卑感了，但是發生問題的時候，我還是有自責的傾向。「都是我的錯」的想法在職場生活中往往是扣分，所以我現在也在努力改掉這個習慣。

有時候我穿過愈掙扎就陷得愈深的沼澤，有時候我度過希望如塵埃般消散的時間，有時候我走過看不見盡頭的幽暗隧道。我一邊回想現在的我是怎麼撐過來的，一邊思考我的故事能不能幫到別人。

① 填滿時間

首先，時間和心靈都要充實。一般來說，閒來無事的話，雜念就會變多，所以要讓自己沒空胡思亂想。我有時候會突然整理家裡、購物或看電影。我知道自己會懈怠下來，所以為了避免未來的我逃跑，我通常會事先安排好事情。例如安排演講或會議行程，一下子就答應別人何時之前會完成什麼事。自己默默下定決心要做的事很容易執行失敗，所以我會廣而告知，公開承諾要做什麼事。不然的話，我就不會去做了。

② 敏銳察覺

在浮現負面想法的那一刻，意識到現在的想法很負面是很重要的。而且要時時警惕自己，不要做會讓想法扭曲的事，例如自怨自艾、逃避現實、自欺欺人或折磨自己等等。所以我常常開玩笑地說，要讓靈魂出竅才行。感覺到自己墜入谷底的時候，我會想像自己的靈魂離開了身體，正在看自己的模樣。那樣的話，我就會覺得「啊，不可以再那樣下去了……」產生要把自己從泥淖中撈出來的念頭。有時候自以為身陷泥淖，但是在「靈魂出竅」之後，便會察覺到那只是一條水溝，根本沒什麼。

③不要對別人的話賦予太多的意義

仔細觀察看看傷害你的人，你會發現他們同樣感到不安、痛苦。還有那些愛多管閒事、吵吵鬧鬧的人，大部分其實都對你的人生不感興趣。我們還是多多練習左耳進右耳出的本領吧。進行這項訓練的話，立身處世會輕鬆很多。令你心煩意亂的人，最好是拒絕往來，離得愈遠愈好。

④戰勝過去

有時候過去的創傷會令我們感到痛苦。尤其是我常常聽到別人說，童年時期父母造成的傷害讓他們直到現在還是很痛苦。隨著年紀增長，慢慢了解到自我的本質時，我明白到過去的幽靈沒有死去，仍然死纏爛打地束縛著現在的我。如果只是選擇遺忘或放下的話，事情無法獲得解決。我需要絕對的意志力。絕不讓過去的創傷毀掉現在的我的意志，絕不讓我受到的創傷延續到小孩身上的意志，絕不讓過去不小心踩到的大便搞砸人生的意志，以及我的人生由我來守護的意志。為了做到這一點，需要極大的努力和訓練。我也花了很長的一段時間，才徹底從過去解放，獲得自由。

⑤ 寫日記

仔細想來，寫日記好像對保有自我提供了很大的幫助。我從國一開始寫日記，一直寫到大學畢業為止。可以說是在確立想法觀念和自我的時期內，我都在寫日記。不要對模糊不清的情緒置之不理，把它寫成文字的話，想法會清晰許多，你會看見自己是為了多荒謬的事情在折磨自己。累積幾篇再重新看一遍的話，也會發現怎麼都是在擔憂或煩惱同樣的事。如此一來，你就會不知不覺大喊：

「啊，夠了，往前走吧！」

⑥ 旅行

我會去旅行，以免自己被日常生活淹沒。雖然現在因為新冠疫情的關係，很難出門旅遊，但是在疫情爆發之前，我常常在禮拜五晚上臨時起意來趟週末旅遊。走訪各地，令我不由自主地謙遜起來。站在大自然的面前，我總覺得所有的煩憂都很渺小。看到人們生活的模樣，我會反省自己的生活。到處旅行的話，也會產生要更努力生活的念頭。開心地想著我要努力賺錢，遊山玩水。

⑦ 運動

我八歲的時候，參加過韓國KBS電視台的兒歌節目錄影。電視台的人為了在開錄之前炒熱氣氛，出題目讓我們猜。他問：「不想感冒的話，應該怎麼做？」於是，想獲得獎品的我舉手了。

「回到家要把手洗乾淨。」

「沒錯，正確答案！」

有比這還簡單的問題嗎？然而，有許多專家嚴肅地解說新冠病毒的預防方法：

「戴好口罩，勤洗手。」

連八歲小孩都知道的事實，專家也要反覆強調，這是因為即便如此，還是有些人不願意實踐。

運動是讓心靈健康的一等功臣。除了身體變健康，運動的時候會全神貫注於身體，摒除雜念。堅持運動也有助於恢復自信心。雖然這個道理誰都懂，但我最後還是要強調這一點，因為道理我都懂，但我還是不想運動……這是我對自己說的話，快運動吧！

不想失敗等於不想挑戰

我跟喜歡泥土的媽媽很像，我也喜歡泥土。每到春天，我就會跟著媽媽去挖菜。在鄉下長大的媽媽只要看到泥土就想種東西。結婚之前，我住的是獨棟住宅。春天的時候，媽媽總是坐不住，會買各種蔬菜幼苗和花的種子回來種。

我也喜歡在田地裡種菜。雖然我覺得跟付出的努力和金錢相比，直接買來吃更划算，但是看到蔬菜發芽長大的樣子，我就覺得很療癒。看著一顆草莓慢慢長大，猜想何時才能摘下來吃；看著聖女番茄逐漸成熟，四處觀察樹枝，思考要剪哪個樹枝才會結更多的果實。

我從小在一旁看媽媽栽種蔬果，所以很自豪自己是個手藝不錯的農夫。不過，芝麻葉種了好幾次都以失敗收場。去年朋友分享幼苗給我種，明明長得好好的，但不知道為什麼就是不開花，結果枯死了。我媽說如果想讓芝麻葉開花、獲得種子的話，不可以摘掉葉子，放著不管就好。我連這都不知道，還三不五時摘葉子來吃，所以花都還沒開就死掉了。

春天降臨，整個冬天蜷縮在泥土裡的不知名花朵長了出來，樹木冒出新芽。去超市買菜的時候，我的腳步停在了種子區。不是從蔬菜幼苗，而是從種子開始種沒有想像中的容易。上次種嫩蘿蔔和馬尾蘿蔔嚐到了甜頭，所以我又想試試看失敗過幾次的芝麻葉，因此買了一包芝麻葉種子。

通常埋下種子之後三到四天的話，就會發芽，最慢也會在一個禮拜內探出頭來，但是一個禮拜都過去了，還是不見芝麻葉。我思考了各式各樣的原因，是野生動物挖開泥土把種子吃掉了嗎？還是從超市買來的種子狀態不好呢？找不到答案讓我很不開心，但我也無計可施。

我很喜歡吃芝麻葉，但是全世界除了韓國人，沒有人吃芝麻葉，所以想買的話得跑到韓國超市，而且價格也偏貴。芝麻葉又容易枯萎，所以也沒辦法在冰箱放太久。如果我擁有一片芝麻葉田，可以想吃多少就摘多少的話，那該有多美好啊！

所以，我又重新振作起來。這次我要嘗試到種出來為止。我在田地周圍設置鐵絲網，以防野生動物闖入，又灌溉了肥料。這次我挖出適當的泥土，撒下種子。但過了一週、兩週，種子還是沒有發芽。我實在不知道問題出在哪裡。

「從播種開始栽培果然好難啊，看來我得直接種幼苗了。還是要翻土種看看別的東西呢？唉，看來我跟芝麻葉無緣。」

我就這樣放著它不管。

但是過了三個禮拜後，有兩顆種子發芽了。我不曉得有多高興，每天早晚到田裡確認那兩株幼芽的狀態。怕它被蜥蜴叼走、怕它被風吹跑、怕它被昨晚下的雨淹死……隨時確認那兩個指甲般大小的幼苗生死。過了幾天後，四處都開始冒出嫩芽了。我第一次看到這些讓我費心許久的嫩芽！這時我才想到媽媽說，芝麻葉要種很久才會發芽。我哪裡知道「很久」有三個禮拜那麼久！三不五時去瞧瞧芝麻葉田，變成了我最近的日常生活的一部分。今天又長出了幾株呢？今天又長大了多少呢？怎麼看都覺得它們好可愛、好了不起。

參加面試的時候，我被問過有沒有打出全壘打過。但是，我在面試求職者的時候，反而經常問他們是否有失敗的經驗。因為我從未見過不曾經歷失敗的成功，而且我的經驗告訴我，成功機率會隨著失敗的深度和次數提升。

失敗經驗太少，換句話說，這也代表沒有去挑戰或挑戰程度不足以體驗到失敗。挑戰新事物的時候，不順利的機率比順利的機率還高。你也會經歷到其他人擅長的事情自己來做就不順利的經驗。然而，重要的是因為失敗而變得扎實的功力。這樣的功力是讓你知道失敗原因的知識，是避免你反覆失敗的技能，也會讓你產生足夠的承受能力和膽識進行下一個挑戰。

不是失敗很多次就會自動累積功力。反覆的失敗很傷自尊心，你變得畏縮都是正常的。你會覺得其他人都做得很好，好像只有自己很沒出息，也可能會責怪環境或是感到委屈生氣。如果要把失敗轉換成功力的基石，那就需要做到以下三件事。

從小目標開始

人類從出生到會走路為止，會經歷無數次的失敗。為了翻身成功，將會失敗好幾百次。為了用四肢爬行，臉部必定會撞到地板無數次。為了邁出第一步，將會不斷跌倒。從搖搖晃晃地學步到會跑步之前，膝蓋要貼很多的ＯＫ繃。新生兒一下子就想跑步的話，說不定還會有性命之憂。

所以最好趁年輕多體驗可以在那個年紀經歷的失誤和失敗。賴床遲到、搞砸考試、為友情煩惱、對抗校園裡發生的不合理事件，都去試試看吧。與此同時，也要體驗看看失敗的苦澀、收拾善後、感受丟臉和傷自尊的情緒，以及幫助有那些經歷的朋友，體驗到共同體的價值。

失敗經驗豐富的人和失敗經驗不足的人進公司之後，兩者的差異極為明顯。在進公司之前，沒經歷過什麼失敗、一帆風順的人，為了避免失敗，會不敢接手大案子或需要承擔責任的工作。不僅如此，當事情不順利的時候，便會墜入深淵或無法善後，恢復的時間也要很久。情況嚴重的話，還會自責地辭職或逃避職場。

但是經常失敗和收拾殘局的人，這種時候很快就會認錯道歉，並下定決心下一次要做得更好，或是覺得這世界上有很多怪人，自己只是倒楣碰上，不會放在心上。他們會用各種方式來收拾問題，並繼續往前走。

事實上，大部分新進員工犯下的錯誤或失敗不會對公司造成太大的損失。就算做到了襄理或資深經理，要擔起的責任也在該職級應該承擔的範圍之內，所以不會因為自己的失敗就導致公司倒閉或地球毀滅。不過，這樣的失敗可能會毀了自己。所以為了避免那種事情發生，要增加對失敗的抗性。

檢討反思

比成功結果更重要的是檢討過程。要檢討自己失敗的原因、成功的原因，並建立起一套系統。那樣才能提高成功機率，避免反覆失敗。建立可持續的系統不僅有助個人職涯，對公司的成長也很重要。在檢討過程之中，必須釐清原因並確認變數。例如是人力的問題嗎？是程序的問題嗎？是小組工作分配的問題嗎？是法規的問題嗎？是市場接受度的問題嗎？是價格的問題嗎？同時重新嘗試看看，那樣成功機率才會變高。

這種時候，你有可能會把原因（或分析原因這件事）推到他人頭上。譬如說沒考上大學就說「是老師（或父母）叫我申請那間學校的」、公司問你為什麼事情變成這樣的話，就說「是組長叫我那麼做的」等等。有時候，我會提供職涯建議給別人，但對方事後反而抱怨連連。之所以會出現這種態度，是因為檢討失敗原因時的方向不對。這種失敗的起因是，你沒有主導、推動工作，而是被人推著走。就算是被人推著走，你也應該自行思考為什麼會被推著走、要走去哪、結果又會如何並抓到重點才是，但你卻沒有那麼做，就只是被人推著走。這樣的失敗不會內化成自己的經驗，所以完全無助於累積功力，反而只會傷到你的自尊心。無論是主導推動，還是被推著走，都要打起精神，穩住重心。

堅持到最後

不是常常經歷失敗和檢討，就會自動打開一條成功大道。要累積成功的經驗才會產生抗性和膽識。反覆失敗和檢討，一個一個排除失敗的原因，因為新的變數而重新嘗試，直到成功為止。最終冒出成功新芽的那個經驗和成就感才是累積功力的基肥。

小時候跟朋友吵架又和好的經驗、競選班長多次失敗後終於當上的經驗、大學沒考上而重新挑戰後被錄取的經驗、求職失敗幾次後才成功的經驗、企劃提案失敗過許多次才成功的經驗等等，這些經驗經過積累，便會變成扎實的功力。所以我在演講的時候，比起成功經驗談，我更常分享失敗的經驗。並不是說失敗的經驗很重要，只是為了解說在我的成長過程中，失敗發揮了怎樣的作用、我是怎麼克服的、該結果帶來了怎樣的成功，我必須分享失敗的故事。而且，我也想向一心尋求成功捷徑的人述說，成功背後的心路歷程。

失敗令人痛苦，但這是必經的成長過程。別讓失敗作為傷口留下來。如果不妥當處理傷口，放著不管的話，傷口會潰爛。最危險的是，因為傷口疼痛的記憶而總是選擇退縮。傷口出現的話，要立刻治療，分析為什麼會出現傷口，研究不會出現傷口的方法看看，並擺脫傷口，振作起來。要多累積那樣的經驗，才會產生想重新嘗試的想法，不再那麼害怕出現傷口。

「這點小事死不了人的。」

累積經驗直到有這樣的功力為止吧。

☆☆☆☆

有時候你可能會覺得協助子女，不讓他們失敗，才是好父母該做的事。有時候你會覺得多嘮叨叮嚀幾句，避免員工失敗，才是好上司該做的事。但是，多放手一點吧。

不給他們失敗的機會，才是最危險的選擇。失敗個幾次，天也不會塌下來。

需要停損止跌的勇氣

二〇一九年冬天，我們全家去了兩個禮拜的公路旅行。沿途欣賞了拉斯維加斯豪華燦爛的聖誕節裝飾和世界級馬戲團「太陽劇團」的美麗表演，行經傳聞有天使下凡的錫安國家公園天使降臨之頂，可以欣賞日出和日落的布萊斯峽谷國家公園的千山萬壑，接著在死亡谷（一九一三年創下地球上最高氣溫的觀測紀錄攝氏五十六．七度而登上《金氏世界紀錄大全》）國家公園內投宿，度過這一年的最後一天（十二月最低溫四度，最高溫二十度）。

其中令我膽戰心驚的地方就是錫安峽谷的天使降臨之頂。如同「天使降臨」這個名字，山頂高聳入雲，彷彿與天空連成一線。這條登山步道非常陡峭，直到登頂為止，來回一．八公里，道路狹窄到只容一人通過，是必須抓緊鐵鍊往上爬的困難路線。但是這壯麗的風景和到哪都體驗不到的刺激感總是能引來大批人潮，夏季前往的話，人多到得看著別人的後腦勺前行。

還沒開始登山之前，入口處就擺了這樣的標語：

「自二〇〇四年後，已有十人行走此登山步道而墜崖身亡。」

「安全人人有責。」

這還要不要讓人登山了……

九彎十八拐的峭壁路攀爬一陣子後，就會抵達接近山頂的偵察瞭望台（Scout Lookout）山峰。登山步道積滿了前一天下的雪，所以我們在鞋子上安裝防滑冰爪後，才開始攀爬。

既然都爬到偵察瞭望台了，我們決定攻頂看看。但是從這裡開始真的是大魔王路線。當我抓著鐵鍊往上爬，途中遇到公園管理員時，對方警告過我好幾次。

「今天很危險。爬上去的話，更危險。」

我就那樣小心翼翼地挪步，走到了鐵鍊斷掉的區間。我的天啊！四周真的只有岩石峭壁。要穿越那一段的時候，我一下就雙腿發抖坐了下來。心跳加速，動彈不得。先生已經走過去在照顧孩子了，而我站在懸崖之間，進退兩難。在我後面看起來像是專業登山客的人伸手並問我：

「需要幫忙嗎？妳要回頭下山嗎？」

我表示想要往（家人所在的）前方走，在他的幫助之下，好不容易抓住再次相連的鐵鍊，這才放心下來。

不曉得又往上爬了多高，當我看到眼前剩下的路線時，我向家人宣布放棄。因為我早已雙腿發軟，爬不上去了，而且還要保留體力下山。我決定退到路邊等家人，而他們為了欣賞天使降臨之頂繼續攻頂。此時是冬天，又颳著風，所以（大膽）造訪天使降臨之頂的人並不多。

我就那樣等了好一會，享受山頂美景後下來的登山客露出「妳怎麼在這裡」的眼神，跟我搭話。我說爬不上去了，所以選擇放棄，在這裡等家人下來。

「我今天爬到這裡就好，再爬下去太勉強了。」

於是，對方輕快地回答：

「沒關係，盡力就好了。」

我們需要在該停的時候就停下來的勇氣。上氣不接下氣、心跳漏一拍或連夜輾轉難眠的時候，要能夠察覺到身體發出的緊急信號。喘不過氣是呼吸器官一時出問題、是呼吸急促的更深層的心臟問題，還是控制那顆心臟的我的內心出了毛病等等，要給自己喘口氣的機會。

進入谷歌之後，我深受冒牌者症候群之苦（怎麼這麼多厲害的人⋯⋯）。身體持續發出異常信號，因此我開始接受心理諮商師的輔導。

如果身心都發出信號的話，那就停下來，回頭看看吧。要停下來、折返或在原地等待都沒關係。

☆☆☆☆☆

不好也沒關係。

It's OK not to be OK.

就算哭泣也不能改變什麼

知道《就算哭泣也不能改變什麼》這本書，是因為我偶然看到的某部韓劇引用了以下這一段。

「言語，生於人嘴，死於人耳。但是有些話不會死去，而是會走進人的內心存活下來。」

某人的一句話像遺言般留在某人的心裡，變成了幽靈。這種情況在我們的日常生活中比比皆是。某些人的遺言沒有死去，而是在我的心裡活了下來。而我無意間說出的話語，也在某人的心裡化為幽靈遊蕩著。

不過，最後讓我買下這本書的契機，不是那個段落引起的共鳴。當主角拿著的那本書《就算哭泣也不能改變什麼》的書名，從畫面中一閃而過的瞬間……我就按下了「購買」按鈕。

無法刻意開始
即便想停也不受控的

——節錄自《就算哭泣也不能改變什麼》〈哭泣〉篇

雖然就算哭泣也不能改變什麼，但我覺得眼淚最能完整流露出人類不加掩飾的情緒。因為看見了那不加掩飾的情緒，我們暫時收起鋒利的攻擊，視對方為友而非敵軍，又或是因此跟路過的行人變成朋友。

先前在黎巴嫩發生的貝魯特大爆炸事件令我的同事傷心欲絕，所以我跟他進行了一對一面談。他說在黎巴嫩的家人受到了巨大的傷害和衝擊，但他遠在地球另一邊的美國，什麼事也不能做，只能乾著急。而我也無法為這樣的他做什麼。我說地球上沒有二十四小時內無法抵達的地方，所以如果覺得以後會後悔的話，那現在就飛過去看看家人也好。我還跟他說了我感到後悔的事情，跟他一起哭了許久。就算哭泣也不能改變什麼，但是哭泣可以讓我在職場上遇到的同事，變成展露真心也沒關係的朋友。

有時候淚水會自動從我的眼角滑落。看電視劇或電影的時候、看到超優美的海景或聞到泥土味的時候、聽到電話筒另一頭傳來媽媽聲音的時候、小酌幾杯的時候，淚水就會不知不覺地從眼角滑落。每當那種時候，我會大力呼吸，隨心所欲。就算流鼻水、發出哭聲、全身的神經細胞任意交纏，我依舊放任不管。因為我的心也需要一個它可以去的地方，也需要一個它可以發聲的地方，也會有想要展現存在感的時候。

心渴望宣揚自己的存在時，就會化為淚水流出來。所以不要禁錮自己的心，不要欺騙自己的心，就這樣放著吧。因為有著一顆心，所以我們是人。

CHAPTER

2

擬定計畫
卻無法執行的話

改變人生的魔法咒語「不行就算了！」

最好思考你能做什麼事。

當結果的決定權不在你手上時，做你能做的事就好。
還有，當決定權落入你手中時，作出決定就好了。
試過但沒有選擇，沒試過而無法選擇，有如天差地別。

不要煩惱太久，行動要快，做了再說吧。
無論會發生什麼事，之後再說。

不要煩惱太久，行動要快

「我想到國外累積經驗，去留學好嗎？」

「我想到國外累積經驗，要怎麼做才行？」

「我想到國外累積經驗，還是得先存錢吧？」

周圍的人常常問我這些問題，而我的回答每次都一樣。

「不管要申請什麼，先申請再說吧。等申請上了，再來煩惱要不要去。各位還沒有要不要去的選擇權，現在的選項只有申請和等待結果。」

我們的煩惱太多了，而且還是「預支」的煩惱。大部分都是庸人自擾。要不要去留學？是獲得入學許可後再來想也不遲的煩惱。但是百分之九十的人煩惱的時候，好像都已經拿到入學許可了。不曉得是沒有思考過獲得入學許可之前要度過怎樣的難關、還是不願意思考，或是想要盡可能減少不必要的勞動，大部分的人空有想法，煩惱了很多年，而實際動手寫申請書的人並不多。或許是因為煩惱這些事情的時候，心情還不如收到拒絕通知信時的那般沉重吧。

有人跟我尋求職涯建議的時候，我通常都會說不要把球拿在手上，先丟出去看看。

多丟幾次球，觀察看看球是怎麼彈回來的。試著接下彈回來的球，那麼，有時候會在不知不覺間走到意想不到的地方，或是做到不在計畫內的事情。若以上這些事都沒發生的話，那至少可以累積丟球的功力，把球丟得更遠。

申請多間美國研究所的時候，我的英文分數還達不到學校的要求，英文實力不足以寫自傳，對申請的學校也不是很了解。我先申請了幾間鄰近的研究所，附上一封信表明我會在入學之前補齊不足的英文分數，並跟校方人員說我住在學校附近，在獲得會面的同意後登門拜訪。後來仔細想想，有一間學校跟我見面之後好像覺得很荒謬（因為我不會說英文），有一間則是覺得我勇氣可嘉。

求職的時候也是一樣。錄取通知是別人寄來的，不是你自己寫的。你能做（或必須做）的事情是敲門、對話和協商。就算沒有收到錄取通知或錄取信也沒關係，那個過程對你來說是練習，也是必要的訓練。第一次站上打擊區的人，不可能打出全壘打。要經過無數次的揮空、打出無數次的滾地球和界外球之後，才會產生讓球落在場內的手感。這樣的手感要積累很多，才有辦法成為全壘打打者。

我常常勸在同一間公司待很久的人應徵看看其他公司，那樣就會忽然了解到自己的身價，切身體會到手上的那顆球有多少的實用價值。無論是否真的要離職，每年都應該整理該年度的工作成果，更新履歷，並且每隔幾年把自己丟到人力市場，測試看看可以打開怎樣的門。如果你想要「好好」跑完名為職涯的這場馬拉松，那這些行為是不可或缺的手段。

最好思考你能做什麼事。當結果的決定權不在你手上時，做你能做的事就好。還有，當決定權落入你手中時，作出決定就好了。試過但沒有選擇，沒試過而無法選擇，有如天差地別。不要煩惱太久，行動要快，做了再說吧。

無論會發生什麼事，之後再說。

今天，Just Do It！

克服對失敗恐懼的七種方法

安娜是我認識很久、關係要好的後輩，而且跟我諮詢過職涯的問題。安娜在美國西部名牌大學UCLA雙主修過商業和經濟學，現在是專案經理。她目前在做的IT專案不知道為什麼多了UX設計（User Experience Design）的工作，從中感到樂趣的她說想要轉到UX設計領域。

所謂的UX設計，是指設計產品、服務或系統等等的整體使用者體驗。譬如說打開YouTube的時候，出現什麼影片點閱率才會上升、縮圖大小或標題版面設計要怎樣設計才方便使用、使用者需要的選單要怎麼構成、訂閱和通知功能怎麼設計才好等等，透過各式各樣的方法來測試研發UX設計。按鈕的大小、位置、模樣和顏色的微妙差異都會影響到產品的使用體驗，所以UX設計師要理解消費者的心理和反應並進行分析。

安娜說打算在一年後離職，從隔年的秋季學期開始學UX設計，並詢問我的想法，徵求建議。她很認真且嚴肅地述說重返學校要承受的經濟壓力，而且年紀也不小了，無法保證可以成功轉換跑道，所以不確定上學這個投資選項是否妥當。

聆聽一陣子之後，我開口了。

「這兩件事都去做，那就好啦。申請學校，還有應徵別間公司。」

「我不想現在就離職。」

「我說去應徵別間公司，不是要妳立刻辭職的意思。」

「嗯，如果想應徵其他公司的話，那就要以真的要換工作的心態去應徵比較好吧。我又沒有要去，為什麼要浪費時間呢？」

我笑著回答：

「誰說應徵了就保證會錄取呢？妳先試試看，看結果怎樣再說啊。」

安娜點點頭並說：

「嗯，妳說得對。那我該怎麼做呢？」

「搜尋看看，如果有喜歡的公司就去應徵。」

安娜不可能不知道要搜尋徵才資訊和投履歷，但是她一臉為難的樣子，所以我又問她：

「應徵就對了，妳為什麼猶豫不決？」

安娜停頓了一下才回答：

「這個嘛，應該是因為我會怕吧？」

「怕什麼？」

「嗯，怕沒被錄取。」

「被刷下來好幾次都是正常的，這對求職者來說是家常便飯呀。妳應該也很清楚，但妳在害怕什麼？」

安娜想了一會，慢慢說出口：

「我身邊的人如果知道我被刷下來的話，會對我感到失望。其他人……我不是說其他一般的人，而是跟我很熟的人，對我有很高的期待，所以我的心理壓力很大。」

恐懼，我們不但經歷過，它現在也是不斷地乘虛而入。我們該拿這樣的情緒如何是好呢？雖然恐懼是很可惡、黑暗、力量最強的情緒，但是好好控制的話，它也能成為強大的力量。接下來我想介紹七種控制恐懼的訣竅。

把球丟出去

首先，要把球丟出去，丟過球才會產生手感。就算打了界外球或滾地球，打久了也能揮出全壘打。一直坐在板凳上，卻想一擊即中，這根本是天方夜譚。人生中沒有所謂的一擊即中，至少這種事情沒有在我身上發生過。

很多人說自己會成功是運氣好、要有好運降臨，或是要靠運氣才行。但是運氣找上門的時候，如果不能把握住的話也沒用。所謂的運氣是，自己丟出去的球反彈回來，而且用棒子擊中反彈回來的球，打出全壘打。第二次丟球的時候，恐懼會比第一次丟的時候少一點。第三次丟球的時候，恐懼又會比第二次丟的時候再少一點。

提高機率

如果不敢丟橄欖球，那就丟乒乓球吧。如果害怕紅色的球，那就丟黃色的球吧。你會需要一個過程來了解手上的球是不是對的、自己擅長丟什麼球。要朝很多地方丟出很多顆球，如果只往自己決定的地方丟球，那球很可能不會彈回來。申請看看研究所、應徵看看新公司，或是開始經營自媒體都好。只要具備「隨便擊中一個都好」的精神就可以了。

摒棄一開始就想做得很好的貪心

進入谷歌後，我花了很長時間才適應。總覺得全世界最聰明的人都在這裡，自己變得很寒酸，害怕展現我的才能。我應該準備簡報才對，但我連第一步都邁不出去。會議紀錄或設計文件等等，我都不想動手去做，只是天天在書桌前坐到深夜。最後，只能分秒必爭地弄出成果來，品質當然很糟。看到這樣的成果，又開始感到痛苦，每天如此惡性循環。

心理諮商師建議我想到什麼就寫下來。順序或格式不拘，用英文或韓文寫都好，先把腦海中的單字全部寫到紙上。沒錯，我們之所以沒辦法邁出第一步，是因為我們貪心地想在一開始就做得很好。

以前我夢想成為美術生而學習素描，我努力畫了阿格里帕的眼睛和頭髮，但完成品看起來很奇怪。當時在美術補習班裡，有一位石膏素描技巧精湛的前輩，我曾經從頭到尾觀察他畫畫的樣子。沙沙沙沙、沙沙沙沙……仔細一看，前輩握著鉛筆的那隻手沒有用力，像在指揮般從圖畫紙的最上面往下畫，畫了好幾百次的細線。鉛筆彷佛是自己動起來的，留下筆跡的地方，逐漸累積無數條不明的曲線。在那之中既沒有眼睛，也沒有中心線。但是積累的線條慢慢有了形態，構成細部模樣，最後令人歎為觀止的完成品誕生了。

空白的圖畫紙總是令人害怕。放鬆，然後繪製看起來很細、甚至是毫無意義的線就是第一步。反正那些線條之後會被覆蓋或擦掉。

把失敗視為基準點

跟安娜談話的時候，我發現了我們之間的巨大差別。我把失敗當作基準點，而她反而不這麼想。失敗對任何人來說都是慘痛的經驗，但如果你預設會失敗的話，便會覺得取得失敗的結果也是理所當然的。如此一來，你便會具備重新挑戰的恢復能力。安娜向來做得很好，沒經歷過什麼失敗。換句話說，這也代表她只挑不會失敗的安全的事情來做。

不要把失敗和自己劃上等號

安娜說她很難接受失敗的自己。不知不覺就過了三十五歲，現在失敗的話，風險太大了。她之所以會產生這種情緒，是因為她把失敗和自己劃上等號。如果不是覺得「這次不太順利耶」，而是想著「我完蛋了」的話，便會覺得自己是一無是處、毫無價值、微不足道的不完美的人。一旦出現這種情緒，自尊心便會受損，然後對自己說：「我果然不行。」墜入深淵。無論是誰都會害怕碰上失敗的自己，但是失敗只是諸多現象之一，並不能代表「自己」。

失敗不是結果而是過程

「失敗」這個單字安娜說了挺多次的。給某件事的結果貼上「失敗」的標籤時，失敗便會成為最終的結論，導致我們難以繼續計畫下一步。失敗不過是跟自己預期或想要的結果不一樣的結果罷了。失敗已經充分發揮了探尋方向的船帆作用，像是在這個過程中學到了什麼、有怎樣的成長、往後會因此丟出什麼球等等。不要把失敗想得太嚴重，這樣才會熟悉失敗。熟悉失敗的話，恐懼也會跟著變少。

別害怕恐懼

恐懼是包含人類在內的所有動物都具備的本能。恐懼令動物（肉食動物恃強欺弱，草食動物群居生活）生存下來，恐懼令人類締造歷史。政治、經濟和社會都是解析和克服人類的恐懼心理的不同方式。不同的人消除恐懼的方法都不一樣，有可能是成為保守派或變成激進派、使用某種行銷手法或教育方式等等。因此，這個名為恐懼的情緒不是只有自己才感覺得到，而是全人類普遍都有的情緒。

看起來無所畏懼的人只是在假裝強勢而已。人人都會感覺到恐懼。因為感覺到了恐懼，進而感應到危險因素，儲備食物，觀察四周。也就是說，恐懼不是需要克服或擺脫的情緒，而是我們一輩子都會感覺到的自然而然產生的情緒。只是恐懼的力量本來就很大，所以我們必須隨時保持警戒，控制好內心。好好管理情緒，不被恐懼壓倒，那恐懼將會是改變人生的原動力。而且，可以肯定的是（不曉得這麼說有沒有幫助），不是只有你會感到害怕。這樣說能安慰到人嗎？

☆☆☆☆☆

第一次學仰式游泳的時候，教練要我身體放鬆，輕輕地躺在水上。但是，要怎麼輕輕地躺在水上啊！我喝了很多水，學會放鬆的方法之後才有辦法浮在水面上。事實上，在泳池上團體課的途中，不太可能掉到水裡被淹死。那我在對抗的到底是怎樣的恐懼呢？這點小事，死不了人的！

如果還不知道該做什麼的話

我有一對雙胞胎女兒，分別是宥娜和海娜。兩人念小三的時候，宥娜很喜歡也擅長演奏在音樂課學會的口風琴，所以我買了電子管風琴給她。兒時彈過鋼琴的我連樂譜也看不懂，所以覺得擅長彈琴的宥娜很神奇。但是，沒過多久，我開始覺得鋼琴很符合宥娜的天性。

宥娜喜歡有規則、可以預測的東西。她是個完美主義者，所以喜歡做可以預測到結果的事情，而且通常做得很好。譬如說數學有已經建立好的公式，套用學習到的公式就能得到答案，而那個答案非常明確，不會有一絲的對錯分歧，要整理錯題筆記也毫無困難。

從這個角度來看，鋼琴跟數學很相似。有樂譜和音階，按照樂譜上的音符，根據節拍彈奏的話，就會出現預期中的聲音。對新手來說，也不需要多豐富的想像力。彈對會發出悅耳的琴音，彈錯則會發出不自然的琴音。所以宥娜不是會彈奏從未學過的鋼琴的天才，只是剛好彈鋼琴是符合她的天性的事情之一（輕易以為小孩有彈鋼琴的天分的情況很常見）。

反之，海娜討厭可以預期的、有正確答案的事情。就像數學有已經建立好的公式，無論是誰只要套用同樣的公式，所有人得到的答案都一樣，所以她感受不到解數學題的樂趣。所以她不是因為不知道公式而出錯，反而常常是因為專注力下降而失誤。

但是海娜喜歡做可以發揮創意的事，像是寫作、畫畫或製作MV。明明寫一張紙就可以了，她卻會毫不猶豫地接連寫三、四張的作文。海娜小四的時候，寫過一篇文章，標題是〈倉鼠的一天〉。以倉鼠視角寫成的這部短篇小說非常有趣。倉鼠半夜逃出籠子，在廚房和客廳探險，碰到睡著的家人後又若無其事地回到籠子裡，然後跟海娜說早安。除此之外，當老師說地球是圓時，聰慧的她也會發表自己的意見，說地球是凹凸不平的。

我希望我的孩子可以從事跟她們的天性相符的職業。跟天性和適性相符，工作起來才好玩。覺得好玩，才會做得好。

在公司開點子會議的時候，某個組員看到我樂在其中，覺得很奇怪便問我：

「妳覺得工作很有趣嗎？」

我說沒錯之後，對方給了我很有趣的回答：

「月薪是做無聊工作的報酬，但妳竟然覺得工作很有趣，那妳應該要繳錢上班吧。」

這句話也沒錯，但同時我又覺得很可悲。竟然說月薪是做無聊工作的報酬……

在谷歌工作之後，我曾經煩惱過設計師這個職業是否真的適合我。因為我覺得執行專案的時候，得不斷進行的說服、爭論、團隊之間的競爭、協調和協商等等，都不符合我的天性。以我的天性來說，我不喜歡「緊張感」。雖然應該也有人很享受氣氛緊張的談判，喜歡勝利的快感，但我不是。所以我也不喜歡看體育比賽直播節目，偏好先知道結果，再悠閒地收看。如果設計師這個職業帶有的談判色彩太強烈，那我應該早就放棄做這行了。

離開上一間公司的時候，某個後輩問我十年之後也會想繼續做設計嗎？我對他人充滿好奇心，很好奇形成人類內心世界的細微人類心理活動。透露心理狀態的行動、行為和表現、什麼東西會令人類感到幸福、什麼東西會改變群眾等等，都讓我感到很有興趣，而且我覺得慢慢了解這些事情很好玩。所以觀察別人、製作出某個東西並觀察別人的反應、重新研究為什麼只有特定群體產生不同的反應、拿修改過的成品重新測試、觀察該成品造成的社會、環境、認知方面的影響等等，這些事情對我來說都很有趣，所以我覺得設計師這份工作跟我很合得來。

雖然不知道十年後我是否還擁有設計師的頭銜，但我肯定還在做了解他人的工作，無論是當婚禮企劃人員、導遊，還是文化中心講師……

在煩惱要從事哪種職業、要進入哪間公司、要展開什麼事業之前，重要的是先摸清楚自己的天性和適性。如果很清楚自己的天性和適性，知道自己因此擅長並喜歡做什麼的話，職業的選擇範圍會大很多，選起來也會更加順利。別一味地尋找擅長或喜歡的事情，重點在於正確了解到自己為什麼喜歡並擅長做那件事。要以了解自己的天性和適性為優先。如果你還在煩惱不知道要做什麼的話，那就從靈魂出竅的角度來檢視自己吧。

☆ ☆ ☆ ☆ ☆

希望大家不要對我說的「工作很有趣」產生誤會。我覺得光是可以從自己的職業中感受到一成的樂趣，那就是非常棒的職業了。我理想中的職業是以一成的有趣工作、六成不怎麼感興趣的工作和三成不想做但得做的工作組成。有些人可能會問有趣成分只占一成的工作怎麼做得下去？一成也就是占了一個禮拜四十小時中的四小時。一個禮拜之中，你真的感受過自己做的工作很有趣嗎？如果工作一個禮拜，其中真的有四個小時感到有趣幸福的話，那你就是擁有很棒的職業了。很不幸的是，大部分的人感覺不到這四小時的幸福。如果你正在找四十個小時都好玩的工作，那就跟電影《歡迎來到東莫村》中頭上插鮮花的少女一般天真，或想成為扮成小丑的愛開玩笑的人一樣。各位，別再作白日夢了。

一百次的失敗好過一次的成功

以前我會乖乖按照典型的、標準的入學考繪畫技法來畫畫。譬如說不管主題是什麼，先畫個大圓圈再說，或是事先按照上色順序把水彩顏色放到顏料桶裡。無論是什麼繪畫主題，我的畫作都非常固定一致。我獲得了指導老師的信賴，呈現出來的作品十分穩定，所以是最適合參加入學考試的美術生。但是我不管怎麼畫，每次畫出來的東西都一樣，這讓我對自己非常失望沮喪。就好像我連一丁點的創意都沒有，覺得無法跳脫框架的自己很丟臉、很死板。

跟我上同一間補習班的朋友，正好和我相反。他有時候會搞砸作品，有時候無法在時間內完成作品，但有時候也會做出驚人的設計。新穎的主題詮釋、我第一次看到的線和面的平衡、意想不到的顏色搭配等等，每當我看到朋友做出那樣的設計，我就會感覺到《阿瑪迪斯》電影角色薩里耶利所擁有的嫉妒和挫折感。我沒有天賦的想法折磨著我。有時候我也會懷疑自己想成為設計師的決心，對別人冷嘲熱諷，對自己造成很大的傷害。我是在把家裡搞得雞飛狗跳之後，為了要證明自己才開始學美術的，但是我的天賦和能力卻達不到我的期待。

考上大學之後，我面臨到全新的考驗。大學的設計課不再有公式、標準答案或參考書。教授拋出模糊不清的主題，就要求我們繳交設計作業，所以我學過的那些備考所需的美術知識發揮不了任何的作用。而且我自己的眼光和期待值又很高，所以常常熬夜，但大部分的時間都只是在「思考」。一條線也畫不完就停下來好幾個小時，畫了又擦掉又花了幾個小時，看著被畫出來的線條又痛苦地過了幾個小時。然後天亮了，我帶著倉促完成的作品去上課。我的作品當然是糟糕的半成品，但荒謬的是，聽完同班同學的作品解說，我還暗自覺得他們的作品也不怎麼樣。

「哎唷，那個一個小時就能畫出來了吧。那也叫做設計嗎？」

彷彿我是有厲害點子的設計師，只是因為時間不夠才無法完成。如果時間充裕的話，我一定可以做出像樣的設計來……

就那樣過了四年之後，我才恍然大悟，不對，應該是說我不得不承認一件事。我不是天才設計師，就算給我再多的時間，我也做不出像樣的設計，那不過是我想像中的錯覺和幻象。四年過去，做出來的設計還是很糟糕的話，那不是因為時間不夠，而是因為我實力不夠堅強。

在那之後又過了幾年，我明白到在第一現場累積實務經驗很重要。唉聲嘆氣地說沒有天賦、只在想像中描繪優秀的作品，否認當下的自己、低估或羨慕他人的成果，對現在的我來說毫無幫助。我領悟到縱然沒有天賦，我也可以靠與生俱來的勤奮彌補不足之處，實踐比苦惱更能提升實力，而且我應該全神貫注於自己的人生，而不是他人的人生。

雖然低估自己也是個問題，但是自以為厲害或誤以為必須成為厲害的人也是大忌。大部分的人都是普通人。絕對不可能在一夕之間靈光乍現，也沒有不練習就能變成專家的魔法。沒有人剛生下來還不會爬，就會走路。必須快點承認並接受這個事實。想想看「我以後還會失敗幾十次、幾百次」的話，心情便會輕鬆一點。不要覺得嘗試了一定要成功，如果把它看作是為了失敗而做的嘗試，就沒有辦不到的事。「反正最後還是會搞砸，這點小事就試試看吧，管他會不會成功。」

如果你嘗試的事最後不如你意，那就這麼想：「沒關係，以後還有九十九次的失敗機會。」

令人驚訝的是，比起一次性的成功，讓我們變得更嫻熟的反而是那一百次的失敗。所以，不可以害怕失敗。要經歷過失敗，才會看見真正的自己。現在想來，大學時期的我之所以一條線也畫不完，煩惱一整晚，不是因為我害怕失敗，而是因為我害怕看見真正的自己。

必須拆開包住自己的包裝紙，看到真正的自己才行。無論那層包裝紙是你的履歷、周遭人的期待，還是你塑造的表面形象，你應該要看見的是自己的本質，而不是軀殼。

見到自己的那一刻，便是故事的開始和基石。知道自己即將要踏上的地面、基石和起點起，便能建造出牢固的房子了。就算狂風襲來，那棟房子也不會動搖或被吹倒。我認為我們之所以一直煩惱和害怕，是因為我們還沒有見到自己。必須看見自己，才能創造出自己。

☆☆☆☆☆

我常常看到完成碩士、博士或博士後學業之後，煩惱「現在要做什麼？」而陷入崩潰的人。這些人因為前面有路就往前走，卻沒有認真思考和探索過那條路是不是自己該走的路。雖然很遺憾，但這個問題誰也給不了答案。雖然我們必須自行尋找自己的答案，但我們還是可以期待在人生的任何一個時間點見到自己。如果你清楚了解自己，決定好起點的話，請不要覺得至今所建造的房子很可惜，再蓋一間新的就可以了。就算放棄了原本的房子，蓋房子所累積的功力也會變成你的資產，使你能夠更順利地蓋新房子。

如何找到想做的事情

「你想過怎樣的生活？你想為了什麼而活？」

這個提問和它的答案是讓我在搖搖欲墜的世界中支撐下去的根基。即便有人問我除了陳腔濫調，沒有更好的回答了嗎？不管問幾次，我的回答還是一樣：

「請找到你想做的事情吧。」

然而，被問到夢想是什麼的時候，大部分的人通常都會說「我想成為醫生」、「我想當 YouTube 網紅」、「我想在谷歌工作」之類的回答。但是這種夢想很容易被動搖。首先，如果缺少實現該夢想之後的藍圖，很快就會感到空虛，疑惑「接下來要幹嘛？」更嚴重的問題是，如果無法實現夢想，便會覺得人生是失敗的。所謂的夢想會述說你想實現的是怎樣的價值。

我在家裡排行老么，上有兩個哥哥。父母都叫我「小狗狗」，雖然他們應該是覺得最小的獨生女可愛才那樣叫我的，但是小時候我對這個稱呼非常不滿意。父母對待我和哥哥的方式不一樣，對我沒什麼要求。有一天，我突然發現那是因為我是女生。如果段考分數不符合父母的期待，就會聽到「我就知道會那樣，女生就是不行」這樣的斥責。這句話讓我感覺到的不是沒有挨罵的安心，而是很傷自尊的自卑感。如果我為了聽到父母的稱讚，努力念書並獲得好成績的話，他們會叮囑說：「不要太自大。成績好不是因為妳很厲害，是因為上帝的幫忙。」結論就是考不好是因為我是女生，考得好是多虧了上帝的恩寵。雖然當時的我還很小，但我總是在質疑自己存在的意義是什麼。

國一期中考的時候，我的美術科目考了滿分。那是只看術科來打的分數，美術老師稱讚我的作品完美無缺。生平第一次聽到的稱讚，令我不知所措，同時又覺得神奇。

「原來我也有擅長的事情啊。」

就在那個時候，我的內心深處燃起了想要學美術的火苗。當時有一個高年級前輩，每次教會有活動，他都會幫忙製作各種裝飾品和手冊。寫得一手好字，龍飛鳳舞，或是一下就能畫好海報。經過學長的巧手，原本平淡無奇的教會牆壁立刻華麗了起來。教會充滿假期聖經學校或聖誕節的氣氛，就像施了魔法般。我自居為前輩的助手，認真打雜幫忙。就在此時，我有了夢想。

「我想做讓世界變得美麗的事情！」

上高中後，我很想念美術大學，但是父母肯定會堅決反對。首先，因為我是女生，所以他們會要我安分守己地去嫁人。第二，他們會說不能當搞畫畫的人。第三，家裡沒錢讓我上美術補習班。第一個和第二個理由我還可以想辦法堅持對抗，但是錢的問題我實在是束手無策。後來有一天，美術老師張貼公告，說要在學校美術教室輔導學生準備術科考試，只會收取一點費用。我心想就是現在，如果錯過這次的機會，那以後大概也沒辦法學美術了。

艱難地向父母開口後，他們果然拿預料之中的理由來反對我。這一次我也不會讓步，我反抗說一個月在我身上投資十萬韓元（約三千台幣）就好，這樣也不行嗎？還說出惹父母傷心的話，問他們家裡有那麼窮嗎？其實我家沒有那麼窮，只是我不是他們心中的第一順位而已。不吃不喝，淚眼汪汪哀求了好幾天之後，媽媽提出一個要求。

「這種事情我不太清楚，妳去取得那兩個男人的同意吧。」

那兩個男人其中一個是我那念名牌大學的醫學生大哥，另一個人則是班導。雖然我不懂為什麼在做關於我的重大決定時，需要經過那兩個男人的允許，但是媽媽都退一步了，我還繼續發神經的話，那就太蠢了。

「讓老么做她想做的事吧。」

我輕鬆過了大哥這一關。而班導說如果想學美術的話，成績也不能太糟糕，所以開出只要我這次期中考名列前茅就同意的條件。我揚眉吐氣地考到班導要求的分數，媽媽因此不再反對。

沒想到把全家搞得雞飛狗跳才開始的這條路這麼難走，就算覺得辛苦我也不敢說出口。因為說出來的話，話題肯定會變成「哎唷，那妳就放棄吧」。再者，我不能留下證據證明父母說的「我就知道會那樣，女孩子就是不行」這句話沒錯。我想證明我可以辦到，我沒有錯。

這是讓我二十五年來堅守職涯的基礎。碰到高山的話，我會覺得要承受住並跨過那座山，而不會想說「看來這座山不好爬」就掉頭。像這樣寫作也是我夢想「讓世界變得美麗的事情」之一。就算以後退休不當設計師了，我也會繼續做讓世界變美麗的事，度過餘生。

我經常看到身邊的人過了四十歲之後，煩惱「以後要怎麼辦？」在四十歲之前，一直走在別人鋪好的路上，所以多多少少可以看到前路。投身於研究領域的碩士、博士和後博士時，不需要想太多，時間就過去了。就業中的人也是在累積十至十五年資歷之前，不用想太多，時間就流逝了。

問題是接下來的日子。跟那麼多人一起走到現在，不是所有人都能當上執行長，大家自尋出路的時刻總有一天會到來。當那一刻到來的時候，如果沒有充分思考過自己是怎樣的人、想過怎樣的生活、想做什麼的話，就會陷入崩潰狀態。而且在身邊嚷嚷著「哎唷喂，去讀博士吧」、「哎唷喂，去大企業上班吧」的父母也別無他法。到那個時候，真的會孤零零地孑然一身。如果不想墜入深淵的話，從今天開始就要思考自己活著的時候想做什麼。人生的駕駛是自己，但不幸的是（又或者幸運的是）可以讓自己搭一輩子便車的黃金馬車並不存在。

先做了再說，總會有能力善後

度過寒冷孤單的重考生活後，我終於考上梨花女子大學應用美術系（視覺設計）。在細分主修組別的大三時，我們系上的名稱變成了「資訊設計系」，開始出現正規的電腦圖學課程。當時可以做圖學作業的蘋果電腦比一學期的學費還要貴，大部分的學生都是輪流使用學校電腦教室的電腦。

雖然直到現在對我來說還是個謎，但我現在不記得的話，當初應該是沒有搞過家庭革命就擁有了電腦。根據吝於花錢的父親的回憶，我當初發下豪語說以後會出人頭地，回報父母。難道是我激發了父親的賭性嗎？我後來才知道父親為了買電腦跟銀行貸款。那麼做也很合理，因為我記得當時一學期的學費約兩百五十萬韓元（約八萬台幣），而我買的麥金塔 Quadra 包含螢幕在內約四百萬韓元（約十三萬台幣）。

大三的春天，我擁有了個人電腦。我發瘋似地學習各種電腦繪圖軟體。當時的麥金塔電腦專業性很強，價格又昂貴，所以使用者不多，可以學習相關軟體的地方並不常見。我參考翻譯書籍學習、跟著軟體上的選單做或到處亂按，藉此學會了使用方法。感覺到自習有限的我加入了「麥金塔交流會」。不論是上班族或大學生，不論專業是什麼，交流會成員的共同關注議題是麥金塔電腦。我們每個禮拜都會聚會，交換資訊，按照主題學習新知。我當過「電腦圖學小型聚會」的組長，每個禮拜進行小組學習。解釋我學習一個禮拜所了解到的（別人還不知道的）新功能時，我不禁感到自豪。

一九九四年五月，有人聯絡麥金塔交流會，說想要找講師替一般人和學生上電腦繪圖課，我立刻表示「我要去」。於是我變成了弘益大學暑假專題講座的講師，負責教四種繪圖軟體（Photoshop、Illustrator、QuarkXPress、Painter）。

簽完合約回到家的那天晚上，我立刻「認清現實」。我的實力不足以收錢，指導職場上的實務經驗者。光是靠自學和在交流會累積的訣竅，要怎麼天天授課呢？我什麼對策都沒有就答應了這件事，所以大三暑假那兩個月，常常冒冷汗作惡夢。夢的內容五花八門，像是什麼也不懂就開始上課，結果出糗、被要求退還講座費用，或是學生突然全體缺席，教室裡只有我一個人。當時我幾乎天天熬夜學習，隔天再去授課。把「我瘋了吧」掛在嘴邊，度過痛苦的每一天。兩個月過去，我就像完成殘酷的移地訓練歸來的職業選手，實力變得很扎實。指導的人本來就是讀最多書，學習到最多東西的人。

我總是提心吊膽地去授課，但是課堂評價卻出乎意料地好。那一年的寒假我又教了兩個月，第二次的授課順利多了。

我們常常忘記一件事。

「時間在流逝」。

這個不變的簡單事實是我的慰藉、我的刺激和我的解決之道。無論有沒有做什麼事，每個人的時間都會公平地流逝。以我的經驗來說，先把事情搞大再收拾的話，隨著時間過去，無論如何那件事都會在不知不覺間結束。萬事起頭難，經歷那個過程之後，就能看到突飛猛進的自己。把事情搞大吧，先做了再說，總會有能力善後的。

Really？Really！

機會總是在尚未準備好的瞬間到來

一九九五年大四的寒暑假期間，我在三星集團子公司「三星SDS」擔任實習設計師。當時公司正在準備有線電視的隨選視訊（VOD，Video On Demand）先導專案，而我負責設計當時所需要的電視節目選單畫面。公司構思的服務跟現在的 Netflix 一樣，似乎走在時代的很前面。我還在 Daum Communications 的前身，小型 IT 創投公司打工過，製作了韓國團體「徐太志和孩子們」的網站。我就那樣深陷在網頁設計和互動設計的魅力當中。也沒人要求我這麼做，我便自動自發地熬夜做東西。當我製作出想要的圖像效果或解決困難的編碼問題時，感受到的是無法言喻的刺激快感。

網頁設計的好處是，不用為了確認設計成果而走訪印刷所或投入昂貴的費用。如果想修改印刷品的設計，原本的作品就得報廢重新製作，但是網頁設計修改起來很容易。而且可以獨自編碼製作出實際的動作，這一點也讓我覺得很有趣。重點是，在電腦的使用這方面，我比誰都還要有自信。雖然當時電腦還不是熱門領域，在第一現場工作的前輩不多，讓我有點害怕，但從另一方面來說，這份工作也因此更讓人興奮。因為我可以隨心所欲地去做，不會有人說什麼……現在看來，我那大膽的挑戰是從這裡開始的。

然而，問題在於就業。聘雇網頁設計師的公司不是很多。當時主修視覺設計的人的出路大致上是大企業的設計部門、廣告公司和主要製作印刷設計（書籍設計、包裝設計、標誌設計和插圖等）的設計公司。

若要說我的黑歷史，在即將畢業的大四那年十二月，我在實習過的部門內部推薦之下，應徵了三星SDS的公開徵才，結果卻慘遭滑鐵盧。我被錄取的機率應該很高才對。我既有負責內部專案的經驗、部門主管的推薦，而且當時三星又有大規模擴充女性人力資源的趨勢，所以我是挺合適的人力。

然而，我失敗的原因有兩個。首先，我的英文分數不夠。其次，我搞砸了面試。當時發生的事我還歷歷在目。那場面試同時有四名面試官和四名應徵者。面試官問了從某本書延伸出來的題目，第一個應徵者會錯意，回答了令自己感觸最深的書（現在想來，那應該是對方事先準備好的回答）。我的順序是第四個，當我聽到第一個人的回答時，心想「那個人完蛋了吧」。沒想到第二個應徵者也是提到自己感觸最深的那本書。

「咦？這是怎麼回事？」

而第三個應徵者決定了我的回答方向。

「我讀過感觸最深的一本書是……」

我開始懷疑是不是自己搞錯題目了。最後輪到我的時候，我用沒有自信的聲音回答：

「我讀過感觸最深的一本書是……」

那是決定我不會被錄取的瞬間。我學到了慘痛的教訓。失去重心，跟著別人做的話，人生就會變得坎坷。

可以在三星SDS就業的大好機會徹底泡湯了，而朋友們紛紛傳來就業的消息。我開始感到不安，我的選擇是對的嗎？我想走的那條路真的存在嗎？還沒準備好就到來的大學畢業令人害怕。就在此時，數位朝鮮日報（DIGITAL CHOSUN Inc.，朝鮮日報為了數位媒體事業而成立的子公司）首次發出公開徵才的公告。對我來說，這是非把握住不可的珍貴機會。那要怎麼宣傳自己呢？我想了許久，最後決定把我的作品集做成CD而不是印刷品。我製作並繳交了完美運作的CD。那就像在玩遊戲一樣，點擊選單後，各個作品就會跳出來，還會根據不同的功能，出現其他頁面。後來我接到要我去參加最終面試的電話，打電話來的組長問是不是我本人親自製作的，又接連問了幾個問題。當時我就有預感會被錄取，而我的職場生活也就此展開。

一九九六年，我是數位朝鮮日報第一批公開聘雇的網頁設計師，那是我職涯中的第一個頭銜。我從負責IT版塊的前輩記者那學會了網頁編碼技術，學習新技術的我學得還挺快的。

有一天，在CJ設計室工作的大學前輩聯絡我。說CJ第一製糖預計進行網站的改版和製作線上購物網站，但是他們設計室沒有人做過網頁設計。我就那樣迅速接受挖角提議，辭掉做了二十個月的第一份工作，跳槽到第二間公司CJ。

那時候我開始思考我的職涯。雖然只有兩年的實務經歷，就可以執行這麼大的專案，令我躍躍欲試，但我同時又很茫然，不知道什麼才叫做好的設計。如果是跟銷售有關的商品，那數字可以清楚顯示商品的成敗，但是設計的好壞標準卻模糊不清。再加上當時的企業網站只是整套系統中的細枝末節，也不會對企業的成敗造成致命的影響。我們只是幾個設計師聚在一起討論哪個更漂亮，改成合適的設計，自己為完成品慶祝，自己感到滿意。所謂的好設計是什麼？我需要累積功力。

一九九八年春天，準備留學的男友收到美國研究院的錄取通知。雖然我很想去學習，累積功力，但是對展開新專案，還在加班地獄的我而言，那是無法立刻實現的夢想，所以我提出了分手。那個年紀的我還不急著結婚，也沒有能力立刻辭職，轉而走上還沒準備好的留學之路。男友希望我在結婚後隨他赴美，但我沒有答應他的求婚，而是提出分手。

這段四年又六個月的戀情悄悄地滲入我的生活，滲透程度比我想像中的還要深。無論走到哪，不管做什麼事，都有他的影子在。所以我們才分手一個月又閃電復合，接著在六月告知雙方父母我們要結婚了，七月正式結婚。因為婚後就要離開韓國，所以我們跳過所有的結婚準備過程。

雖然我們在雙方家庭的震驚中結了婚，但問題是先生為了八月開始的秋季學期，必須立刻出國，而我又沒辦法馬上辭職。所以蜜月旅行回來，先生立刻去了美國，而我一個人待在娘家度過新婚生活。據說當時街頭巷尾流傳著很難聽的謠言。

「聽說那一家的女兒遭到冷落。上上個禮拜才結婚，這麼快就一個人跑回娘家住。到底發生什麼事了啊？」

我後來才聽說我在左鄰右舍的心中，變成了狗血劇情中的可憐女主角，因此笑了很久。

完成線上購物網站的專案之後，該年十一月我搭上了前往芝加哥的飛機。現在仔細想想，真不知道當初那怪物般的力量是哪來的。媽媽說如果在那陌生的國家找不到想要的東西怎麼辦，替我準備了各種生活用品，而我自己的行李也很多。我必須帶花大錢買下的麥金塔電腦過去，就算得放棄螢幕，我也要帶主機過去，那樣我才能準備求學。我帶了各種設計資料、需要的書和我的作品。那是我在戰場上所需要的子彈。我就那樣帶著超過標準重量的四件移民行李箱、放了背包和桌上型電腦的登機箱，還有當天早上才醃好的泡菜筒包袱，彷彿戰爭難民般前往金浦機場。

我根本沒有心情感受離開韓國的情懷、跟父母分開的遺憾或對全新未來的興奮感，當下的我只擔心要怎樣才能順利通過美國的入境審查。在緊張萬分的狀態下結束入境審查，拿完行李，看到先生的時候，我整個人沒力蹲了下來。二十七歲，現在我終於要迎接新的開始了。是我完整獨立的大人人生的第一步。

英文分數不夠的我如何考上美國名校

我還小的時候，爺爺就是出了名的鐵公雞。長大成人之後，我才想到爺爺在那生活艱辛的時代生了十一個孩子，如果不省一點的話，根本沒辦法照顧子女。國小放寒暑假去爺爺家玩的話，他會說要繳飯錢才可以，指使我做各式各樣的事，一下叫我去果園幫忙，一下叫我照顧牲口。父親也跟爺爺差不多，總是強調人要賺錢才行。他說家中經濟支柱在家人的眼裡會很有威嚴，說那就是錢的力量。

這對小時候的我來說挺受傷的。「大人，尤其是父母為什麼對子女那麼吝嗇？既然把我生下來了，不是應該滿足我的基本需求嗎？」父親給我零用錢的時候，一定會強調「這是他的錢」。所以我從小就有一個根深柢固的觀念，我不要別人的錢，我要賺自己的錢，而且覺得花別人的錢很羞恥。

想在美國賺錢的話，我得快點念完研究所，進入美國公司上班。現在去讀研究所不再是優雅地累積功力的選項之一，而是為了在美國賺錢餬口，不得不做的事。這是很重要的人生態度。當賺錢餬口不再是選項，而是必做的事情時，對職涯的看法也會跟著改變。感覺到要為自己（或家人）的生計承擔起沉重責任感之後，總得尋覓餬口的方法。因此，對什麼工作感興趣極為重要。如果工作對你來說只是一種自我實現，那就算沒工作也沒關係，但是過日子總得花錢。我認為賺錢餬口是一件很有尊嚴的事。對自己的人生負責，那就是所謂的大人。

無論如何，我都得在美國找到活下去的方法。一切是那麼地陌生。無論是初次遇到的西方人，還是從未見過的美國硬幣，都令我感到不自在。我變成了連自己的身高是幾吋都不知道的笨蛋。先生去上學的話，只有我一個人留在公寓。前幾個月，我連外出都不敢，一直待在家裡。因為在外面碰到別人的話，對方一定會跟我搭話。用美國中部特有的語調說出的「How are you？」有如一場變奏曲饗宴。「How's it going？」、「How's everything？」、「What's up？」、「Howdy！」等等，我花了一個月才發現這些都是「How are you？」的另一種表達方式，又花了一個月才敢開口回答「I'm fine.」。

雖然我們夫妻倆的生活不富裕，但是先生當研究助教賺來的月薪，夠我們繳交公寓房租和維持最基本的生活需求。不過，經濟條件並不允許我付高額的學費去語言補習班上課。打聽之下，我發現芝加哥經營的社區大學（兩年制專科大學或提供終生學習課程的市立教育機構）有免費的英文課，每天上課四個小時。天曉得我有多感謝這個機會。這是我在美國第一次經歷的社會生活。

我上了一年左右的社區大學。在免費課程中遇到很多南美移民者學生，我覺得這是冥冥之中的安排。班上沒有韓國學生，所以我必須使用英文才能跟其他人溝通。

一開始我的英文真的很爛。雖然要用英文聊天本來就很難，但是禮拜一的課堂特別恐怖。因為在課堂的一開始，老師會先給我們短暫的自由聊天時間，這個時候我得跟同學說我週末做了什麼事。靠尷尬的微笑和不知道該看哪裡的視線撐了幾週之後，我覺得不能再這樣下去了，因此準備了一句話。

「I went to church.」

沒錯，這樣說就可以了吧。

終於來到了星期一課堂上的對話時間。同學果然問我週末做了什麼。我野心勃勃、字正腔圓地說出事先準備好的句子。

「哀溫吐球氣（我去教會了）。」

當我暗地裡感到滿意的時候，對方又問我：

「哦，這樣啊？妳信什麼宗教？」

什麼？若是在韓國說到「去教會的人」，當然是指基督教教徒。佛教徒是去寺廟，天主教徒是去教堂，不是嗎？（這麼說來，為什麼韓國人不是直接說出宗教名稱，而是說出建築物和前往的這個動作來表達自己的信仰呢？）我瞬間不知如何是好。

我心想：「呃，如果我說去教會，那當然是我是基督徒的意思啊，為什麼問我信什麼宗教呢？」

腦袋一片空白的我，怎麼也想不起來「基督教」的英文怎麼說。好像是P開頭的單字……最後我只好回答「哀東弄（我不知道）」。結果對方又問「這樣啊？那教會在哪裡？」為什麼好奇心這麼重？天啊！這次的問題更難回答了。

心想：「要怎麼說明位置呢？」

to不定詞和關係代名詞在我的腦袋裡打結，我什麼也想不起來，所以這麼回答：「哀東弄（我不知道）……」

歐買尬！這個情況是被綁架了吧？去了教會，卻不知道信仰的宗教和位置……這根本是被騙去週末農場的人會給的回答，幸好同學沒有再問下去

回到家之後，我跟先生說了課堂上發生的事，問他基督教的英文到底是什麼，他說是Christian，歐買尬！Jesus Christ！沒錯，我是Christian。打從在媽媽的肚子裡就聽過的那個單字，我竟然不會說，還回答了「哀東弄（我不知道）」。羞恥心油然而生，全身發熱，我這個大笨蛋！

我就這樣一邊跟英文較勁，一邊準備考研究所。幸好芝加哥有三所研究所有我想念的科系，但問題是托福分數。考托福的時候，我的英文恐懼症就會復發，所以考不

到學校要求的分數。然而，我不能就此放棄。留學的前輩建議我直接去找教授，求求看對方。前輩說如果是當地的外國學生請求面談，大部分的教授都不會拒絕。最重要的是，學校也很重視入學生人數。我現在的處境是必須死馬當活馬醫，所以三間學校我都去了，跟教授見面，推銷自己。我的英文實力不足，只有一顆希望對方錄取我的迫切的心，所以其中兩間被刷了下來，但是我收到了伊利諾理工大學（IIT：Illinois Institute of Technology）設計研究院的錄取通知，獲得二〇〇〇年春季學期的入學資格。在美國生活不到一年，就拿到了錄取通知書，耶！

雖然收到了我夢寐以求的錄取通知書，但我還是開心不起來。當時一學期的學費約一萬美元，所以我的學費籌措計畫是，第一個學期靠父母資助的一千萬韓元（約三十萬台幣），第二個學期花我在韓國工作存到的一千萬韓元，第三個學期花在美國實習賺到的薪水，畢業那個學期就靠助學貸款來解決。但是ＩＭＦ金融風暴導致匯率高升，韓幣兌美元的匯率持續高於一千韓元（約三十元台幣）。我要付學費那時的匯率是一千三百韓元（約四十三元台幣）左右，所以一下子短缺了三百萬韓元（約十萬台幣）。我已經沒有地方可以湊錢了。伊利諾理工大學的設計課程沒有學士班，所以不會有課堂助教的空缺，像設計這一類的專科研究所也沒有研究助教，獎學金補助更是鮮少。

於是我寄電子郵件給學校，說我已經來到芝加哥，取得了入學資格，但是因為韓國的外匯問題導致學費不足，希望學校可以補助獎學金。接著又說明我從這間研究所畢業之後，會在美國社會上成為怎樣的人，我畢業後取得的成功能為學校提供怎樣的貢獻。就像情急之下會蹦出韓文方言，當時的我很迫切，所以一瀉千里地用英文寫完了那封信。幾天後，我收到了學校的回信。學校說願意補助我學費的三成當作獎學金。天助自助者！無論事情會不會成功，都要先試了再說。反正也沒有損失，不行就算了。

三十歲，下定決心就能成功的年紀

十九歲的我是考生。雖然每天過著如履薄冰的生活，但那是一條有盡頭的隧道，我就要抵達盡頭了。一想到只要穿過那條隧道，我就是可以隨心所欲的大人，因此內心很是激動。

二十九歲的我，在陌生的美國開始了第一份工作。雖然很害怕，但是新的開始給我帶來了滿腔熱情和感激。雖然公寓裡都是別人給的家具，但我的內心卻很富足，黑色星期五買的二十美元毛衣為我帶來巨大的快樂。才剛來到美國的新鮮感，還有在美國獲得的第一份工作，這些都是支撐我走下去的理由。如同韓劇《孤單又燦爛的神：鬼怪》台詞——縱然不是所有的日子都很美好，但是二十九歲的我過得還不錯。

可是，三十九歲的我不安又焦躁，而且害怕邁入四十歲。雖然那是不會被世俗所迷惑的不惑之年，我的內心卻無故動搖。我很難接受自己不再是二十幾歲的青年，而是不上不下的四十幾歲中年人了。美麗的青春歲月不再，現在就等著後浪推前浪的念頭突然向我襲來。

這樣的情緒轉變，不僅是受到年紀的影響。經歷雙胞胎育兒戰爭後，把孩子送進幼稚園，回頭一看才發現我已經不知不覺來到了三十九歲。二十幾歲的我實力堅強，擁有比誰都還要快學會新工具和技術的能力。直到三十五歲前後，我還對自己充滿信心，但是三十九歲的我卻是模稜兩可。後輩們個個出類拔萃，一看到我以後要達到的標準（以美國人為基準），我就提不起勁。「我只能走到這裡了嗎？」這個想法使我鬱鬱寡歡地度過三十九歲這一年。

後來，我遇到了洪老師（方便起見，以下簡稱這位老人家為「洪老師」）。我記得洪老師當時七十七歲，是一位勤奮又睿智，思想開放的人。他默默聽完我的煩惱之後，如此回答：

「妳覺得六十歲的時候差不多就可以退休了，對吧？所以現在也到了放下一切，讓自己休息的時候了。現在想來，我覺得六十幾歲正是精神奕奕的年紀。如果讓我年輕十歲，回到六十幾歲的話，我應該會嘗試新的東西。四十幾歲的我們在職場上是一朵花。因為二十幾歲的我們還懵懵懂懂，而三十幾歲的我們好像懂了一些，卻又沒什麼權限。但四十幾歲的我們有資歷、有職責、有權限。四十歲，想做什麼都可以，是可以指揮、帶領他人的年紀。所以夢想要做得大一點，盡情地去實現夢想吧。」

來自人生前輩的經驗的建議和鼓勵，在我內心引起了很大的共鳴。重點是，他那句「如果讓我年輕十歲……」的話語中夾雜著悔恨，令我當頭棒喝。我才三十九歲就在擔心會變成老太婆，真是愚蠢的念頭。我就那樣用稍微自在從容一點的心情迎接了不惑之年。

現在我四十九歲了，即將邁入知道上天旨意的「知天命」年紀。從不久前開始，我就在準備迎接知天命之年。三十九歲的我毫無防備、懵懵懂懂、坐立不安，但是四十九歲的我不一樣。我以五年為單位，畫了一張大大的時間表，列出人生清單。雖然我還不懂上天的旨意，但是我想多見見不同的人，聽他們傾訴，向他們學習。那樣的話，領悟天命的日子總會到來吧……今天，是一生中開始做某件事永遠不嫌晚的一天。四十九歲的我就像二十九歲的那時再次感到激動。

洪老師七十九歲的時候，開著露營車去北歐旅遊。二〇一三年看到綜藝節目《花漾爺爺》後，他跟朋友閃電組成「老爺爺團」。三名七十幾歲的老爺爺租下露營車去旅行，平均年齡七十五歲。這趟旅程也沒有挑夫李瑞鎮，從頭到尾只有他們三人。這不是很美好嗎！在旅行的途中，他們有空就會發行名為《挪威先驅》的時事通訊。以下是其中一則時事通訊。

第一晚的大型意外事故，在利樂漢瑪露宿街頭

匆匆地把所有行李放到車上，在導航中輸入要度過第一晚的坦杰諾登（Tangenodden）露營地的地址後，我們離開機場，沿著E6高速公路往北行駛。跟著導航走的我們，來到某個沒有柏油路的偏鄉。明明是按照導航開車的，卻來到會有水鬼出沒的地區！正要掉頭的時候，哎唷喂，車子墜入傾斜的草地中，引擎那一邊的輪胎翹起來空轉。晚上九點，杳無人煙，天氣愈發寒冷，而我們三人面如土色。我們走到上面的村莊，敲了某一戶人家的門後，有個大嬸走出來。她給全村子的人都打了電話，但是沒有人願意開曳引機把我們的車拖出來。歷經千辛萬苦，過了一個多小時，某位大叔開著曳引機過來，好不容易才把我們的車子拖出來。這時已經晚上十點三十分了。這大半夜的能去哪呢？沒辦法，就去距離這裡一百公里的利樂漢瑪吧。

天啊，我們為什麼要花那麼多錢找罪受？

漆黑的夜晚，雨淅淅瀝瀝地下著。等我們抵達利樂漢瑪露營地，都已經是子夜十二點了。大門緊閉，一個人影也沒有。我們只能把車子停在業者的辦公室前，也顧不上吃飯，直接躺平。明天的事，明天再想。

——節錄自〈花漾爺爺RV旅行〉時事通訊

這真是太帥了！我很期待洪老師的八十九歲和九十九歲帥氣人生。也很期待我的五十九歲和六十九歲帥氣人生。

CHAPTER 3

想做得更好
但覺得自己很無能的時候

與全球頂尖人才共事學到的聰明工作法

數字沒有說出來的東西很多，
很少人會挖掘數字的意義，或想了解數字以外的世界。

所以我覺得以數字為中心的思考方式是怠惰的、危險的。
不能單純只是看到數字，
應該把數字背後的意義和數字以外的東西連接起來再作決策。

但是在作以洞察為主的決策時，需要花很長的時間和精密的作業。
因此投入的成本極高。

所有企業都需要的最佳能力是？

我覺得在新冠疫情的影響之下，企業已經脫胎換骨，建立起一套本該在二〇二五年才會有的體制了。要不是因為新冠疫情，否則要花五年左右才會發生的變化，在我們還沒做好準備的時候就發生了。當人們還在驚慌失措的時候，反應快速的企業早就一下子進入了二〇二五年。

實際上，也有一些企業決定在新冠疫情結束後，永久維持居家辦公的體制。因為新冠病毒而體驗到新的可能性的人們，也表示不想恢復以往的工作方式。

世界經濟論壇（WEF）在《二〇二〇未來工作報告》中，列出十五項全球企業最需要的工作能力。

①分析思維與創新
②主動學習與學習策略
③高難度問題解決能力
④批判性思考與分析
⑤創意性、獨創性、推進力

⑥領導能力與社會影響力
⑦科技的使用能力、理解程度、熟練程度
⑧科技設計與程式編碼
⑨恢復能力、抗壓性、靈活性
⑩推理能力、問題解決能力、點子開發能力
⑪情商
⑫解決客訴與消費者體驗
⑬顧客應對能力
⑭系統分析與評估
⑮說服與協商

——節錄自世界經濟論壇，《二〇二〇未來工作報告》

將以上的能力做分類的話，會發現問題解決能力是最優先的。

準備就業的人常常問我應該要準備什麼。例如，準備在UX設計圈工作的學生會問我想當UX設計師的話，是不是要會程式設計、在公司裡通常使用什麼軟體、哪個領域以後會炙手可熱（擴增實境、虛擬實境、人工智慧、服務等）、想從其他專業轉到UX設計的話，應該加強什麼設計技巧等等。他們之所以那麼問，應該是因為覺得自己落後於周圍的人而感到焦躁不安吧。

不久前，我參加了美國電腦協會（ACM）的專題小組討論，也被問到了同樣的問題。

「有些人在爭論設計師是否一定要會編碼，請問您對這個問題有什麼看法？」

「如果需要編碼技術來展現自己的問題解決能力，那我認為應該要懂得編碼。UX設計師不是技術員，而是解決問題的人。應該思考怎麼提升解決問題所需要的創意力，思考需要什麼來完整地傳遞想法。那有可能是一張圖、一則故事或是編碼技術。」

企業在找的是解決問題的人。在求職面試的過程中，企業關注的重點是，應徵者是否具備解決問題所需要的能力，例如思考能力、洞察力、創意能力、團隊合作或溝通能力等等。透過面試判斷應徵者是否能基於各領域的專業性，解決所遇到的問題。不過，這裡的重點是，定義問題的能力比解決問題的能力更重要。因為定義方向不同的問題，需要的解決方案也不一樣。設計師要透過「了解他人的直覺」來找出消費者、產品、服務或社會問題，而這一些都是從問題的定義開始的，所以設計師需要的特殊能力是發現問題的能力。面試的終極目的在於測試應徵者「發現問題—定義問題—解決問題」的三大能力，所以在未做好前期準備的狀態下，就提出解決方案的話，錄取機率肯定會很低。因為在短短的面試過程中，面試官想看到的不是解決方案本身（能在幾分鐘內想到的解決方案大都是顯而易見的方案），而是應徵者的「三大能力」。

舉個例子。

「請說說看你是怎麼應對最棘手的顧客和他們的需求的。」

如果是你被問到這個問題的話，你會怎麼回答？大部分的人都會這麼開頭：「在我以前遇到的顧客之中……」然而，你應該要進一步思考才對。什麼叫做「棘手的顧客」？這個部分最好簡單地定義就好。回答的時候要同時思考「為什麼會那樣？是產品有問題嗎？是服務有問題嗎？還是企業形象的問題？」等等。所以比起聚焦於你解決特定案例的經驗，你應該做出的是全面性的回答，從出現棘手的顧客的原因，再到應該如何改善體系，以防問題再次發生等。

「你有過專案進行到一半，突然發生問題，緊急變更計畫的經驗嗎？你是怎麼解決那個問題的？」

被問到這種問題的話，最好先整理過問題再開始回答。專案中斷的理由有很多種，例如計畫有變、延期、取消、高層換人等（如果可以使用白板的話，把你的思考過程寫下來會很有效）。思考後再問一次面試官那個問題是不是在問「專案變更」的案例，讓面試官知道你是可以進一步思考，並掌握整體情況的人。

「請規劃看看在危急情況下讓人們到大樓外面避難的計畫。」

這種問題太廣泛了，面試官也知道這一點。所以你需要做的是，讓問題變得更具體一點。譬如說，這棟大樓長什麼樣子、大樓住戶的規模大小、逃生口的型態、種類或大小、住戶的年齡層落在哪裡（因為有可能是老人公寓或幼稚園建築）等等，像這樣明確地定義範圍，再提出合適的解決方案比較好。如果是正在進行面試的那棟建築，那向面試官提出設計時會遇到的問題，藉此展現你的「提問能力」也是很好的方法。好的提問跟好的解決方案一樣重要。

不能只看眼前，要把眼光放遠。如果單純以經歷來比較競爭力的話，那經歷比你漂亮的人多得是。如果你的長處是某種技術或工具使用能力的話，無論你有多優秀，很快就會出現比你還厲害的人。那樣的話，你一定會變成急於追上最新技術的追擊者。

企業在找的是解決問題的人，而且想找的是能夠思考並解決問題的人。「你是有創意的問題解決者嗎？」企業想聽到這個問題的回答。有時候會看到應徵者像在寫編年史一樣，在履歷上羅列自己參與過的專案，但是那麼做通常會在篩選履歷的階段就被刷下來，或是面試失敗的機率也很高。

如果把重點放在結果，卻隻字未提自己是如何發現問題、發生該問題的原因是什麼等等「發現問題」和「定義問題」的話，企業會想我們真的需要這個人嗎？因為公司已經有做事熟練的員工了，而且靠短期約聘人員或人力派遣公司也可以滿足需求。聘雇正職員工對公司來說是很大的投資，也是一場有風險的賭注。所以企業想慎重地選拔能實現長期價值，取得成功的人。企業在經濟不景氣的情況下，也不能放棄的唯一投資就是尋找問題解決者。那就是我們必須成為問題解決者，而不是技術員的理由。

☆☆☆☆☆

某張貼在谷歌公司走廊上的海報文句令我印象深刻，所以我拍下來傳給了在韓國的朋友。

「我們從零開始，所以你不需要從零開始。」

結果朋友說覺得很意外，谷歌是不是覺得「地球上的一切都很迂腐過時，所以要你們員工跟外星人接觸，創造出全新的東西」？關鍵不在於既有事物很迂腐或是需要新事物，而是在於我們正在解決什麼問題。既有的解決方案仍可以解決問題，但還是覺得那個解決方案太過迂腐的疲憊感，是只有創作者才會感受到的感覺。每次都一樣，所以要跟外星人接觸，製作出新事物的壓迫感，是創作者才會感受到的感覺。無論是什麼時候，都要以人（消費者、使用者、購買者……）為本。現在的問題是什麼？問題原因是什麼？應該怎麼解決？所有的嘗試都是創作者為了滿足自己所做出的行為。

比大數據更強的直覺力培養法

二〇〇五年，我在摩托羅拉設計部門工作的時候，Razr手機前所未有地熱賣，整個設計團隊也覺得備受鼓舞。為了打造出下一個熱門產品，我們大規模地進行了使用者調查和策略性專案，尤其是在全球市場展開色彩、材質與表面處理工藝調查（CMF Trending Research）。經過六個月的長征，調查報告結果出爐了。

「那個顏色會流行！」

有些人可能會問就這樣？就為了知道（確認或說服上司）明年會流行的顏色是綠色，所以需要規模如此龐大的調查、分析和資料？當時市場上已經開始出現使用那種顏色的產品，而我們來不及引領市場趨勢了。

在現代日常生活中，四處可見「大數據」這個單字。我們的日常生活和網絡相連，被串聯起來我們的蹤跡以大數據的形式留下。分析大數據並反映到決策上的「資料導向決策（Data Driven Decision Making）」變成了新趨勢。

可以從資料中學到的東西很多。如果是大數據的話，可以有效類推適合瞄準的結果。也就是說，使用各種指標（Metrics）和關鍵績效指標（KPI：Key Performance Indicators）來決策和設定目標，例如點擊率（CTR：Click Through Rate）、顧客滿意度（CAST）、日活躍用戶（DAU：Daily Active User）、月活躍用戶（MAU：Monthly Active User）、成果計分卡（Success Scorecard）和專案完成率（Completion Rate）等等。最會用數據說話的企業，我想非谷歌莫屬了。

但是，數字沒有說出來的東西很多，很少人會挖掘數字的意義，或想了解數字以外的世界。所以我覺得以數字為中心的思考方式是怠惰的、危險的。不能單純只是看到數字，應該把數字背後的意義和數字以外的東西連接起來再做決策（Sense Making Decision 合理的決策）。但是在做以洞察為主的決策時，需要花很長的時間和精密的作業，因此投入的成本極高。

我是在三星的第一個產品剛上市後進入公司的，我負責帶領團隊規劃第二項產品。在收到各種企劃案的期間，某個小組跟我提了一個點子。那個點子本身雖然很有潛力，但是還要顧及系統基礎建設或上市後的服務和軟體維護是否能支持那個點子。提出點子的小組強力推行，要求進行A／B測試。A／B測試是建立兩種以上的試行方案，確認哪一種更好的實驗。小組提出的點子很好，就算不是應用在這次的產品上面，為了將來也值得一試，而且透過測試記取教訓的話也不錯，因此我覺得沒理由不做A／B測試，然而……

事情的發展出乎我的意料。雖然測試對象是公司內部員工、問卷調查表和規劃出了差錯、用於調查的原型容易混淆判斷，但是使用者調查進行得一瀉千里，我很快就收到了報告。不出我所料，支持與反對人數是八對二。喜歡新方案的人八個，喜歡原有方案的人兩個。八對二，這個數字的力量很強大。該結果層層往上通報，而我費了好大的工夫解釋為什麼現在不能選擇那個方案。少數要戰勝多數，是一場苦戰。

直覺是數據的另一種形態。即使我們的意識不知道，直覺也會知道，所以有些學者表示直覺是一種高度化的智力。根據他們的研究，大腦只會接收百分之十的資訊，將其吸收為額葉（大腦的前半部，負責語言、思考和判斷等複雜的智力活動）的意識，剩下的百分之九十會被處理為無意識訊息。所以被觸發的本能上的直覺，是基於大量的資料而產生的，因為大腦接收的百分之九十的資訊都進入無意識區了。直覺是自我們出生以來便擁有的東西，是主動或被動磨練一輩子的資訊的成果。更重要的是，多虧大腦有能力銜接這種資訊，與新事物相連組合，直覺的力量才因此變得更強大。

——節錄自艾薇．羅斯（Ivy Ross，谷歌設計副總裁），《數據與設計》（*Designing Alongside Data*）採訪

直覺是長久積蓄訓練而成的「第六感」。交響樂團的指揮擁有長年累月受過聲音訓練的聽覺直覺，所以在演奏途中可以立刻點出無數樂器中哪個樂器演奏錯了、哪個樂音錯了。受過訓練的廚師擁有卓越的味覺直覺，所以吃到混在一起的料理時也能分辨味道。那麼，設計師應該具備怎樣的直覺呢？那就是情緒直覺。設計師是操控人們情緒的職業。消費者會感覺到什麼情緒、什麼產品、句子或顏色會給人什麼感覺，這些將左右設計師的成敗。

所以設計師的直覺，要能夠找出藏在數據中，關於情緒的蛛絲馬跡，必須讀懂使用者研究對象的情緒。只有大數據是不夠的。使用者買了什麼產品、什麼影片看了多久、點擊了什麼廣告等等，光靠這些資料很難發現消費者是否有很好的體驗。好的體驗才是讓消費者把注意力留在產品或服務上的重要因素。如果只是推崇性價比、產品規格和實用性，當其他競爭力高的產品出現時，便很容易失去消費者。

我向大學生演講的時候，總是會聽到這樣的問題。

「念大學的時候，應該做什麼準備？」

這些學子應該是想問為了準備出社會和就業而需要做的事情。我通常會給兩個建議，「熱烈地去愛」和「瘋狂地玩」。如果想培養設計師所需要的情緒直覺，那就要有豐富的情緒體驗。我想，談戀愛是讓情緒變得豐富的最佳經驗。

如果愛某人愛得死去活來，那會看到情緒的卑劣的一面。你曾是幼稚、軟弱、卑劣、狹隘、殘忍又會說謊的人嗎？你曾是瀟灑、勇敢、有趣又聒噪的人嗎？你曾經體驗過內心不安、腦袋一片空白、雙手顫抖和止不住地流淚嗎？你曾經打算為了救人或殺人而奔赴地獄嗎？擁有了豐富的情緒，能夠讀懂他人情緒的直覺才會好好發揮作用。

還要盡情地去玩玩看。我指的不是他人常說的旅遊經驗，而是（在社會規範允許範圍內）做做看叛逆的事。感受看看犯錯後擔心被發現的恐懼、哭哭啼啼地謝罪看看、喝醉酒鬧事看看、拳打腳踢看看、做出得付出犯錯代價的事情看看。在熟悉且安全的環境中，很難體驗到這種情緒。前面推薦各位去旅行是因為所謂的旅行，能帶給我們感受陌生空間和脫離正軌的時間體驗，但是旅行回來後，很容易一下就恢復成原本的自己。要在日常生活中犯錯事看看，才會產生可靠的直覺。

我們將會體驗到大數據和人工智慧的能力愈來愈強，而人類逐漸愈來愈難發聲。

但是，不要就此放棄。人類依舊是情感的動物，擁有情緒觸覺，能過捕捉到人類情緒的人在未來也是必要的人才。多多磨練自己的直覺吧。

☆☆☆☆☆

二〇一四年，在電影院看完克里斯多夫．諾蘭導演的電影《星際效應》出來之後，我跟先生展開了熱烈爭執。這部電影是在說荒廢的地球已不適合人類居住，因此有一支探險隊徜徉於宇宙中，尋找代替地球的新家園。

電影結束後，曼恩博士和主角庫柏的對話場面仍然留在我的腦海裡。

「就算面臨死亡，也會為了子女想辦法活下去。」

劇中人物為了家人，想活著重返地球的強烈生存本能使其發揮了超凡的力量。我說人類擁有的生存本能很奇妙，還分享了對人類才有的超自然力量的看法。但是學工程的先生認為就連人類的生存本能也可以灌輸給機器人，讓機器人來實現。我們爭執了很久，最後的結論是：

「啊！不管啦……我不想跟你說了。」哈哈。

當我說在大學時期談戀愛是非做不可的事情，學生就會哇哇大叫地說談戀愛是這世界上最難的事。

「啊！不管啦……你自己看著辦。」哈哈。

為了成為被認可的人，該做與不該做的事

我在量產商業用產品的團隊中做了許久的設計，明白到所謂的設計是，不斷妥協的過程和結果。

雖然每次都身心俱疲，感覺到刻骨銘心的痛苦，但是一體驗到產品上市後交到使用者手上的快感，就會立刻忘掉本來有多痛苦（所以我才會忘了產子的痛苦，又生了第二胎和第三胎吧）。比起先導研究或概念專案，觀察使用者的實際反應讓我更有成就感，就算有時候產品會遭到使用者的批評。

接下來我想談談妥協的方法，應該妥協到哪個地步、應該為什麼東西做出妥協、該怎麼妥協，以及應該避免的事物。

應該做的事

① 了解公司的盈利模式

如果明明在「ZARA」工作，卻問公司為什麼做不出「香奈兒」那樣高單價產品，這不是公司的問題，而是沒有搞清楚自己在哪就職的設計師的問題。製作要價三十萬韓元（約一萬台幣）的智慧型手錶，嘴上卻談著價值幾十萬台幣的百達翡麗，那就像搞錯門牌號碼而迷路的情況。如果是在ZARA上班，最重要的是做出瞄準ZARA產品定位和消費族群的好設計。如果想設計名牌，那去名牌公司上班才是正確答案。

谷歌或臉書的主要收入來源是廣告，不是用一般使用者支付的錢來進行商業運作，因此一切的優先順序和決策當然會以帶來收益的廣告主為主。比起高級精美的樣式，公司更側重於能帶來更多點擊數的演算法。為了有策略地妥協，必須看清楚自己就職的公司是靠什麼東西營利的。公司願景和自己的設計哲學的一致程度，是劃出妥協底線的出發點。

②了解宏圖

從產品規劃到上市後的顧客維繫，沒有一個環節是不需要UX設計師思索的。廣告、說明書、售後服務中心等，通通都會影響到使用者體驗，所以我總覺得全世界上最需要「多管閒事」的職業就是UX設計師了。從這一點來看，設計師不僅要具備設計能力，還要能夠掌握方方面面的整體脈絡。

在手機的功能之中，可以討論的或是說問題最多的功能，當然是「設定」。每次變更作業系統的時候，需要為了易用性而進行各種更新，但是使用者去服務中心的最常見理由就是，因為設定錯誤而發生的各種問題。例如，無線網路設定錯誤、不小心打開飛航模式或通知設定被關掉，使用者因此以為手機故障而前往服務中心。

為了解決這個問題，曾有人提議不要改變使用者親自設定的項目位置，反正那麼多設定項目當中，使用者經常使用的設定大概在十個上下，所以讓使用者本人親自設定常用的設定項目順序或位置就好。然而，這個方案最後沒有被採納。雖然想法本身不錯，但是該產品上市後客服中心的營運費用將會翻倍。客服中心的營運成本相當高，這樣的使用者設定功能不僅會額外增加電話客服（通常會外包）的顧客應對培訓費用，當使用者有問題而打電話來的時候，使用者看到的畫面跟客服看到的畫面不一致的話，就要花更久時間確認和解決問題。來電次數和時間都是金錢，所以這個想法弊大於利。

儘管有種種限制，設計師還是堅持產品或服務的「易用性」，不願意妥協而強制推行的話，這不僅有可能會給公司帶來損失，將格局放大來看，這個判斷也代表設計師忽略了之後發生問題時，會造成更難解決的使用者問題。

③決定優先順序

所有人都滿意且毫無問題的產品研發過程是不存在的。所有的問題都會妨礙到決定優先順序、妥協、尋找妥當性的過程。這種時候該以什麼標準來決定優先順序呢？以下是我經常使用的標準。

第一種，頻率。這個問題多常發生？

第二種，易視性（visibility）。使用者多容易看到這個問題？

第三種，嚴重程度。造成的問題有多嚴重？是使用者會感到煩躁的程度嗎？會導致消費者提出換貨或退貨要求嗎？是否會造成法律上的問題？這個問題是否會對品牌形象造成致命影響？是否會妨礙消費者了解產品、初期設定的使用或購買意願？

像這樣決定好標準的話，事情的輕重緩急就會變得清晰，也有了根據可以證明自己的意見是妥當的。如此一來，便可以更輕鬆地跟合作的團隊進行妥協（在設計團隊中常常需要和他人妥協）。

不該做的事

① 堅持己見

我有我的立場，別人當然也有別人的立場。必須隨時保持警惕，不要覺得只有自己才是對的。以開放的心態傾聽、蒐集不同的意見，再調整自己的意見不是妥協（彼此針對某件事「讓步」並達成協議），而是協調（保持平衡）。

還有，切勿因小失大。執著於解決小問題，而忽略了大問題的情況很常發生。為了避免這種事情發生，解決問題的優先順序標準應該貫徹始終，理念要清晰。

如果是必須貫徹到底的關鍵爭論點，那當然也會需要大力推行下去的毅力。愈是這種時候，愈要避免犯下在小事情上堅持己見的愚蠢行為。「這個人堅持某件事是有原因的」，應該要在別人心中深植這種印象才是。

「唉，那個人又在耍固執了，心好累。」

如果讓對方產生這種想法，那就失去妥協的機會了。

② 樹敵

要隨時小心的是，妥協有時候會演變成意氣之爭。當你的用詞變得尖銳，在對方的言語中找碴，最後變成不想輸給對方，而不是為了解決問題而堅持。妥協因此就變成了神經戰和吵架。

產品做失敗的話，重新做一個就可以了，但是搞壞的人際關係很難修復。為了下個專案，還是得跟同樣的團隊合作。沒有什麼工作是可以獨立完成的，自己的聲譽和人脈是擁有成功職涯的最基本的條件。

千萬不可以樹敵。大家想要的並不是吵贏別人，而是專案的成功。雖然偶爾也會遇到志在吵贏自己的人，但是乾脆認輸，繼續走自己的路，從長遠來看這麼做對自己才是好的。

③ 陷入泥淖

所有人都希望自己參與的作品、設計的功能或點子能被人察覺，所以產品研發途中被推翻、愈來愈偏離設計原型或想法遭到拒絕的時候，都會十分傷心。但是，我們不必為此難過。有可能是因為策略性的決策、有可能是因為產品不符合公司想要的方向、有可能是因為技術尚未成熟所以不行，又或者是因為自己的想法欠缺動力。

比產品本身更重要的是，你在這個過程中學到了什麼，以及該怎麼在下個專案加以利用。就算產品失敗了，你也會有所成長，那就算成功了。即使是負責相同的專案，有些人會成長，有些人卻會陷入挫折的泥淖中。要作怎樣的選擇，一切取決於你。
祝此時此刻也在妥協和堅持之間掙扎的各位工作順利。

☆☆☆☆☆

女兒小四的時候，有一次在整理跟生活倫理有關的考試筆記時，中途跑來向我求助。她同意自己選擇的選項三不是正確答案，但不知道為什麼選項二是對的，所以問我該怎麼辦。我也不能理解為什麼選項二是正確答案（事實上倫理測驗有正確答案本身就很奇怪）。我建議她直接寫不知道為什麼選項二是對的，或是說明看看為什麼選項三是錯的。（記得我國中考生活與倫理測驗的時候，會在開放式題目寫下「這題沒有答案」、圈出兩個正確答案、有時也會認真作答，又或是明知出題者想要的正確答案，卻故意表現出我的不同意。）

有完美主義傾向的女兒覺得我的建議幫不上忙，因此發了脾氣，我便跟先生求助。他的解釋是這樣子的。

「妳看，答案當然不是一號。二號我也不太明白，而三號和四號都不是正確答案，那唯一的答案就是二號啦。」

女兒對爸爸的這番解釋非常滿意。

二號選項是正確答案並不是因為它的敘述是完全正確的，而是因為其他都不是正確答案，所以才選擇了次好的選項當作正確答案。

在三百三十萬封履歷中突顯自己的方法

每當我經歷職場難關的時候，都會出現教會我寶貴教誨的、令人感激的人。其中第一個教誨，是二〇一三年我剛進入三星電子，在新人訓練期間某個高層給的建言。那是新人訓練的第一天，培訓對象是從不同公司挖角過來的資歷豐富的員工。

那位高層在說了四十分鐘的熱情演講後，以這段話作結尾。

「不要試圖成為三星人，這裡已經有很多三星人了。當各位變成三星人的瞬間，你就只是『one of them』。那麼，我們也就沒有理由雇用各位了。祝各位好運！」

（對於事先做好心理準備才進入三星電子的我而言，這是超乎我想像的人生最棒的建議。哇，這間公司值得待下去！）

我曾經想過「我為什麼跟別人不一樣？為什麼做得不如別人好？」做事情的時候，

求好心切，或是不想太過顯眼而隨波逐流。常常碰到自己明明跟著他人做得好好的，卻一無所獲的情況。雖然我也有取得跟別人差不多的成就過，但那就像身穿鎧甲跑馬拉松一樣，令我筋疲力盡。畢竟那不是我的衣服，覺得辛苦也是正常的。

是啊，我們擁有各自的獨特色彩。就算千錘百鍊，一日失去本色，你便不再是你自己。

企業需要形形色色的人力。尤其是需要創意力的企業，多元人才更是該企業的關鍵力量。透過類似的人力做出相似的成果，這種事早就不需要人類來做了。

我常常參與谷歌的新人徵才。二〇一九年我們收到的履歷就有三百三十萬封。在無數應徵者之中獲得錄取通知書的人，都擁有自己的特色，而且擅長將其展現出來。

在職涯中，不僅需要在專業領域行得通的必殺技，個人所具備的個性也是獨有的特色。擅長協調的人、具備領導能力的人、令人開心的人、善於雄辯的人、擅長安慰他人的人、愛笑的人和天馬行空的人等等，每個人都有自己的特色（我相信所有人都有與生俱來的固有色）。仔細觀察自己，發現自己帶有怎樣的色彩，抹去覆蓋在自己身上的斑紋，讓自己本來的顏色變得美麗且堅不可摧就可以了。那麼，石頭也能搖身一變成寶石。

☆ ☆ ☆ ☆ ☆

Noogler（谷歌新人的暱稱）經常問我怎麼做才能快點適應，我總是笑著這麼說：「不要試圖成為Noogler，你就成功了。這裡已經有很多Noogler了。祝你好運！」

「妳打過全壘打嗎？」之我的回答

二〇〇八年九月十五日，美國大型投資銀行雷曼兄弟申請破產保護。這是房地產泡沫化，連大型投資銀行也無力倒下的例子。隔天，拿著裝有個人物品的箱子的人們紛紛走出紐約雷曼兄弟公司大樓，全部都是失去工作的人。從電視和新聞上看到的這個畫面令我感到害怕，大受衝擊。原來美國也有可能像這樣崩塌瓦解啊……跟九一一襲擊事件發生當時，我透過電視轉播看到世貿雙子星大樓倒塌的場面，所感覺到的超現實衝擊感很類似。因為我深知從雷曼兄弟公司大樓湧出的人們傳遞的是，周圍即將發生的事情的信號彈。而且這件事也讓我產生警惕心，同樣的事情可能在我的周圍或我身上發生。這是一場災難。

金融危機的影響持續了好幾年。經濟負成長和大量解雇導致整個社會人心惶惶。彷彿不會被影響的高通也採取了凍結年薪的措施，最後進行了人事整頓。看著共事過的同事接到解雇通知，突然打包行李走人的樣子，真的很不好受。一想到接下來有可能輪到我，我就開始不安，無法專心做事。

因為緊縮政策的緣故，新的業務遭到保留，既有的專案不是被迫中斷，就是縮小到僅保持維護的規模。就算去上班也無事可做。比起公司，我更加擔心自己的職涯。擔心再這樣下去我會變成生鏽的老古董，那我在就業市場就沒有價值了。至少在未來的二十年我還得工作賺錢才行。我覺得在這個狀態之下，把一切都押在目前的公司是很危險的投資。

我先生隸屬的研究所直接受到了金融危機的影響。基礎科學研究所進行的是目前還無法獲利的研究，所以研究資金鏈被切斷，對新研究的投資也變少了。先生的博士後合約無法延長，因此失業，而我變成了單薪家庭的一家之主。

韓國的大學研究所對先生拋出橄欖枝。在這超過一年的待業期間，再也看不到其他選項了。於是我們決定挑戰看看，先生先回到韓國，我和孩子一起留在美國。他順利適應韓國生活的話，到時候再考慮全家搬回去也不遲。

後來，三星電子無線業務部的人資聯絡我，說目前在尋找海外人才，想要見我一面，而且人已經在聖地牙哥了。二〇一三年，三星因為 Galaxy S3 和 Note 2 的成功，公司呈上升趨勢，而招募海外人才是李健熙會長提出的「新經營宣言」主軸。我就像獲得了上天的啟示，忽然產生想跟對方見一面的念頭。在聖地牙哥進行第一輪高階主管面試後，我收到了回韓國第二輪面試的請求。為了赴約面試，我請友人照顧孩子，去了一趟韓國。

上午是設計團組的高階主管面試，下午是人事組的高階主管面試。面試的時候，設計組的高階主管問道：

「全壘打是有經驗的選手才打得出來的，妳打過全壘打嗎？」

雖然這個意料之外的提問讓我慌了一下，但我還是冷靜地說出自己的想法。

「我認為球隊的成功不是靠全壘打打者一個人辦到的，而且少了全壘打打者就分崩離析的球隊也不是優秀的球隊。為了成為常勝軍，而不是只有一勝的球隊，包含二軍選手和工作人員在內的團隊合作才是關鍵。我待過的公司都是該領域中的龍頭企業，我認為這不是全壘打打者獨自辦到的事，而是所有人締造的成就。我總是成功團隊的一分子，這就是我自己的成就，所以我向來引以為傲。」

（我後來靠三星智慧型手錶打出全壘打之後，才明白成為全壘打打者的含義，但是在面試的當下，這是我能給出的最佳答覆了。）

第二輪面試的結果是合格。我就這樣結束十五年的美國生活，回到了韓國。

應徵三星電子職位，想開發智慧型手錶的原因

有句玩笑話說，三星的事業可以分成「電子」和其他事業。這意味著三星電子在三星集團中擁有莫大的力量。在三星電子無線業務部中，最重要的部門是製造手機的部門，而負責手機之中最重要的 Galaxy 旗艦機團隊則是最關鍵的，因為它是最重要的收益來源。進入公司後，在跟部門主管面談時，我提出了兩件事。第一，我想在產品量產組工作，不想在先導戰略組工作。第二，我想負責 Galaxy 手機以外的產品。我最想要的是裁量權。

因此，我負責帶領「智慧穿戴ＵＸ（User Experience 使用者體驗）」設計組。這個小組負責設計三星製造的智慧型手錶、健身手環、Galaxy Buds 藍芽耳機等穿戴於身上的裝置所需要的使用者體驗。二〇一三年九月，當時三星剛推出第一款智慧型手錶，才剛整頓完臨時組成的團隊，正式成立智慧穿戴ＵＸ設計組。

有別於使用谷歌安卓作業系統（ＯＳ）的 Galaxy 手機，當時的智慧型手錶搭載的是三星自主研發的作業系統。從設計智慧穿戴作業系統、產品ＵＸ設計，再到應用程式製作人員所需要的設計規範等等，全部都由我們小組負責。我們可以說是從無到有。

準備二〇一四年款式的同時，我們也進行了二〇一五年款式的研究。以年輕天才

科學家米斯崔（Pranav Mistry）為首的美國研究所，正在進行圓形手錶的先導概念研究，而我們小組的任務是研發應用於該手錶的UX設計。待解決的課題堆積如山，我們必須讓以圓形手錶螢幕為主的硬體錶圈跟使用者介面動作吻合的同時，結合硬體的物理操作和軟體動作。為了完美地結合使用性，我們製作了許多原型來進行測試。是要把跟使用者介面動作對應的錶圈制動器（Detent）做成物理裝置，讓使用者感覺到真實的觸感，還是只要用軟體重現震動的感覺？需要制動器的話，又該放幾個上去？沒有一個問題是可以簡單帶過的。這項產品動員了海外研究所、產品設計組、製造裝置實體的硬體製造組和UX組。我們也大規模地研究了這麼做是否能達到該產品的收率、是否可以創造收益等等。

闡述三星設計理念的三星官網對圓形錶圈介面的說明如下：

「環形操控介面（Circular UX）為全球首創介面，透過觸碰和錶圈的物理操作，令穿戴者擁有更直覺輕鬆的體驗。二十四個制動器的旋轉錶圈不會遮住錶面，可輕易快速提供使用者需要的資訊，並執行主要功能。」

對UX設計組來說，圓形螢幕可謂是全新的挑戰。雖然這幾十年來，許多人研究介面設計，製造出數不清的產品，但是所有的螢幕都是四邊形。所以我們小組一開始設計的畫面全部都是以四邊形畫面所顯示的模式、網格和形狀為基準。當我們把所有的設計畫面都攤開來看之後，我覺得不能再這樣設計下去。如果把四邊形介面的設計硬塞到圓形螢幕裡的話，那我們根本沒有理由耗費鉅額採用圓形螢幕了。所以我臨時提議進行現場調查，派所有組員都到公司外頭觀察日常生活，拍下所有圓形狀東西的照片。隔天，大家帶著結果參與會議，分享各自拍下的照片，並開始分析擁有圓形特徵的產品、採用圓形狀的既有產品是怎麼詮釋圓形與傳遞資訊的。

設計圈有一些經典的主要原則，其中一個便是「形式追隨功能」。出自美國建築師蘇利文（Louis Sullivan，一八五六年～一九二四年）的這句話，是跳脫以前時代的工藝裝飾設計，強調實用主義的近代設計象徵和起點。簡單來說，以功能為優先，設計要有節制。

然而，圓形ＵＸ設計必須先決定錶圈型態，再搭上功能設計。換句話說，這項任務要求我們違背過去一百年來堅守的設計原則。我們必須解決這個違背「形式追隨功能」的課題。從手錶的本質出發，我們認為圓形螢幕和錶圈是最好的答案。因為這個設計遵守了「形式追隨功能」的原則，圓形這個形式追隨了手錶的功能。現在剩下的問題是，要怎麼設計才能讓智慧型手錶的功能追隨圓形，必須讓軟體功能和產品的形狀在使用時融合在一起。

跳脫日常生活中的四邊形畫面，是一項全新的挑戰。透過小小的圓形畫面打破物理限制（Think Beyond Concept），想像外面世界更大的圓，使我們得以採用更大膽的版面配置。此外，我們賦予中間與上下的內容不同的深度，增添立體的構成。由於圓形螢幕沒有固定的四個角，因此比四邊形更能體現穿戴者應專心注視的部分，我們以此優點為基礎，設計出最適合智慧穿戴裝置的使用者介面。

——節錄自三星設計（Samsung Design）官網，《圓形UX設計故事》

二〇一五年初，傳聞 Apple Watch 即將上市的時候，我們還在和連個影子都沒有的幽靈手錶奮鬥。正如傳聞所言，蘋果公司於該年五月發表了 Apple Watch。蘋果公司似乎決定朝四邊形的智慧穿戴裝置發展。緊張地收看發表會的我產生了「值得一試」的信心。三星接著在十月發表了 Gear S2，配有硬體錶圈，完美呈現圓形螢幕和最佳化的圓形介面。原本不存在的物品就此誕生。我在產品發布會上看著影片中的介面，忙著設計開發的那段日子，有如跑馬燈一樣流逝而過。數不清的報告和丟棄的失敗作品，還有感到失望挫折，想要放棄的每個瞬間，也在我腦海裡一閃而過。

現在就等著看媒體和消費者的反應了。各種媒體的讚美如雪花般飛來，尤其對錶圈和圓形介面更是讚不絕口。美國知名科技網站 The Verge 是出了名的三星狙擊手，經常上傳各種關於三星產品語帶嘲諷的負評。然而，這一次該網站發布了這樣的評論：

"Who would have guessed that Samsung would create a more elegant interface than Apple?"

（誰想得到三星會創造出比蘋果更優雅的介面？）

除了產品的銷售成績以外，這是我身為設計師取得的最佳成就。我打出了全壘打。

好消息接連不斷。我和該產品紛紛被選為「二〇一六年引領智慧穿戴產業的全球十八名女性領導者」、「二〇一六年改變智慧穿戴市場遊戲規則的五十大產品」，接著又以主設計師的身分獲得「IDEA 美國傑出工業設計獎銅獎」。智慧穿戴裝置專業雜誌《Wearables》刊登了以下的評論：

「如果三星沒有叫她提出更多關於智慧穿戴產品的點子，那一定是瘋了，因為她終於指出了三星應該發展的方向。」

這就是我的滿貫全壘打。

在谷歌初次經歷到的五大文化衝擊

Noogler，這是谷歌內部對新進員工的稱呼。我參加的新人培訓聚集了一千人，從規模來看就很驚人。

「我們從零開始，所以你不需要從零開始。」

「找出藏在問題背後的真正問題，巧妙地解決問題吧。」

「追逐趨勢或競爭者只是在浪費時間。」

我接二連三接受了這類培訓。那是可以讓人感受到谷歌的規模和價值，產生自豪感的新人培訓。培訓結束的時候，全體脫掉Noogler帽子往上拋，慶祝全新的開始。

我所屬的「搜尋與助理（Search & Assistant）」部門主要研發谷歌的核心搜尋服務與新興的人工智慧助理。接下來我想介紹幾個我在谷歌體驗到的新奇文化衝擊。

①每週全體員工會議，TGIF

TGIF（Thank God, It's Friday：感謝上帝，今天是星期五）是谷歌全體員工聚在一起，分享在公司內部發生的事情的時間。當初應該是因為會議於每週五下午舉行，所以才取了「TGIF」這個名稱，但是隨著公司日益壯大，考慮到其他地區的員工，會議時間改到了星期四。我體驗到的文化衝擊是，會議氣氛很輕鬆，甚至可以說是有趣。更新奇的是，主持人是谷歌共同創辦人佩吉（Larry Page）和布林（Sergey Brin）。他們就像韓國知名主持人劉在錫和申東燁在主持脫口秀一樣，互相開玩笑或「嘲諷」對方，愉快自在地交流。彷彿剛才還在自家車庫研發什麼東西的人一樣，不拘小節，活力充沛。

佩吉和布林想把谷歌打造成「勞逸結合的公司」。我覺得谷歌的詼諧標誌很符合這樣的創業精神。不僅是他們自得其樂的模樣，那股興奮的活力也讓我感到很新奇。我以為大企業的執行長總是保持穩重，又或是隨時都在發脾氣，跟一般員工有如雲泥之別的人，但是佩吉和布林的雙人相聲徹底打破了我的刻板印象。（現在二位已經卸職了，所以不能再看到他們的相聲讓我感到很可惜。跟企業創辦人見面總是能為我帶來新鮮的靈感。）

②「儘管發問」，多理

多理（Dori）是谷歌內部開會使用的提問系統。預定好全體員工開會的時程後，多理系統就會自動開啟讓員工事先輸入問題。雖然可以匿名提問，但是大部分的人都會填寫實名（老實說，公司的系統根本不存在所謂的匿名）。員工也可以在會議期間即時發問，根據按讚數由多至少排序。來到回答問題的環節時，便會顯示多理系統的畫面。令我震驚的是，提問內容非常大膽。

在全體員工到場的TGIF會議上，提問內容更是令人歎為觀止。例如新聞議論紛紛的谷歌的各種問題，或是谷歌對不同社會議題的立場或責任是什麼。由於這是在開放的空間即時上傳的提問，所以回答者無法事先統一口徑，必須依序回答，逃也逃不掉。有時候也很像國會聽證會，現場瀰漫著緊張的氣氛。如果當場沒有回好問題或是閃爍其詞的話，對此感到失望的員工就會跳槽到別間公司。這種時候我就會覺得至少在矽谷，公司是乙方，而不是為所欲為的甲方。

③ 開放性與透明度

谷歌幾乎所有的文件都存放在伺服器裡，工作也是透過雲端進行。所以無論使用哪台電腦，只要連上公司系統就可以工作，而且大部分的文件都是「共享」的。雖然最近因為外洩的資訊變多，公司文化發生了一點變化，但是資深的谷歌員工說以前幾乎所有的文件人人都可以調閱來看。

我曾聽過一則關於谷歌開放性的逸事。全球景氣低迷導致谷歌的支出大增，為了減少支出，人事組寫了一份「緊縮財政報告」，報告一公開就刺激到了公司員工。削減員工福利、縮小升遷規模、擴大物價相對低的地區徵才等等，內容非常敏感。有人透過TGIF多理提問系統要求公司表明立場。人事高階主管被叫到台上，說明原委並道歉，但是員工們的怒火並沒有被澆熄，接連提問。有人說不應該減少員工福利來省小錢，公司難道就沒有想過減少執行長百分之一的月薪嗎？必須親自回答的執行長皮查伊（Sundar Pichai）沉著地一一回答。我從未經歷過這種劍拔弩張的對話（甚至在其他美國公司上班時也沒經歷過）。當公司想要隱瞞什麼東西的時候，谷歌員工便會群起憤慨，堂堂正正地發洩怒氣，要求公司做出改變。我覺得這就是谷歌的力量。

④ 自發性分享與合作

谷歌員工常常主動找事做。如果是自己感興趣的主題，就算是大型專案，也會獨自進行並撰寫報告。有時候會收到甲寄的群組信件，說自己研究了「Z世代」跟大家分享報告。有時候又會收到乙的信，說想開發跟美容有關的服務，請大家幫忙。那樣的話，又會有某個高手冒出來打招呼，分享資訊。員工如此踴躍地分享，是因為這裡聚集了一群愛裝厲害的人嗎？是因為績效考核項目包含是否積極參與志工活動嗎？還是真的是單純想分享知識，充滿造福人間的精神呢？這樣的文化動力來源究竟是什麼，直到現在還是個謎題。我在其他美國公司任職的時候，從未發生過這種事。不過，員工自發性地播種、務農並開花結果，也是用錢買不到的企業文化的力量。

「下情上達」的文化，換句話說，這也代表底下的人不太會按照上位者的指示乖乖做事。所以從生產力或效率的角度來看，也有很多工作看起來做得亂七八糟的。這該說是員工的自發性嗎？還是過度自戀呢？兩者的界線十分模糊。但如果少了自發性動機，就不可能產生創意力。無法提升創意力的組織必然會衰退。而且幸福的個人聚在一起將會組成幸福的群體。如果只有企業成長，缺乏個人的幸福和成長的話，那麼企業很可能會在不知不覺間像泡泡一樣破滅。

⑤ 重視影響力

「不一定要擁有什麼東西，也能在方方面面發揮影響力。這就是在谷歌工作的方式。」進入谷歌之後，我最難適應的是不明確的團隊角色與責任（R&R：Roles & Responsibilities）。各部門重疊的業務很多，應該要做的事卻不做，又或者是其他部門的工作由我們部門做，這樣的情況比比皆是。

我實在沒辦法理解這離譜的情況，所以問了在谷歌待很久的同事。他給了我建言說：「別想著要把什麼東西牢牢握在手上，只要妳成為有影響力的人就可以了。」又若無其事地說：「就算不是妳的東西也會變成妳的。」這下我更糊塗了。然而，過了一陣子，我就明白那句話是什麼意思了。主動找想做的事情來做是這裡的公司文化，如果叫員工做不想做的事，那員工有的是其他公司可以去，所以谷歌才會像這樣放任員工自生自滅。

我有時會想這是擁有絕大部分的資源的企業才有的從容吧。谷歌的服務對象是全球市場，所以是收益來源穩定的企業，所以可以包容做了以後可能會被丟掉的專案、被延誤的時程或手腳較慢的員工。有這樣的從容，員工當然會浮現不得了的新奇點子，也能勾勒規模龐大的願景。這也是招募優秀人才的極佳環境。賺一年是一年的企業會明確區分角色與責任，追求最大化的效率。正在進行的專案總是要當作最後一次來看待，必須取得最好的成果，所以在擬定長期計畫或進行實驗性的嘗試時，處處受限。這麼說來，或許谷歌的文化是從容不迫的富翁所擁有的福氣。

谷歌天才的工作方式

以前待在其他公司的時候，有一項產品已經快要完成研發階段了，公司高層卻突然下令變更設計，主設計師因此激烈反對這個荒謬的指示。

韓國有句諺語說：「是大便還是大醬，總得嚐過才會知道。」意思是要試試看才能判斷事情的好壞或東西的價值。

我也覺得高層的指示沒有道理。距離產品上市沒剩多久了，高層的要求等於是要設計師大幅修改整個平台，不是單純改個圖示或應用程式那麼簡單。

由於主設計師怒氣沖沖地下班了，我只好緊急叫來其他組員，開始測試高層的指示是大便還是大醬。果然是大便無誤，而且還不是容易收拾的好看大便，而是拉肚子那種稀便。

不過，那個稀便般的結果還是挺有意義的。高層的要求嚴格到考慮要換掉平台，於是我們針對變更平台時會發生的事情進行了假設測試，結果非常糟糕。高層因此決定改用方案B，結果產品大獲成功。我還記得自己收拾完殘局之後，對主設計師說的話。

第一，應該預設任何方案都有可能會出錯。有時候你以為是大便的東西，其實是大醬。

第二，證明那個東西是大便的行為，有時候也會是尋求其他突破口的動力。就像大完便要擦屁股才能舒舒服服地做其他事……

第三，要認真聽取在職場打滾幾十年的前輩的話。不是因為他們地位比較高，而是因為經年累積經驗的功力常常發揮出不科學的魔法。（雖然我也很討厭當老頑固或愛提當年勇的人，哈哈。）

雖然那個主設計師說我們進行測試是在白費力氣，還是生氣了很久。

但是來到谷歌之後，這是怎麼回事啊……

到處都有員工在進行分辨大便和大醬的測試。即便我對自己的開放心態引以為傲，令我不解的專案還是很多。快推出之際就被取消的課題，甚至是別組已經在測試的大便，其他組還拿來再測試一遍，我的天啊！

從工作效率這一點來看，這是最糟糕的資源管理。從機會成本的角度來看，這麼做也是在放任公司遭受莫大的損失。我被看起來一團亂的情況嚇到，所以問了在谷歌工作很久的同事這是怎麼回事，結果聽到了這樣的回答。

「怎麼了嗎？因為這麼做值得，所以公司才撒手不管的啊。那又怎樣？」

我有種當頭棒喝的感覺。是啊，那又怎樣？

誰知道呢？說不定會研發出把大便變成大醬的新技術？

誰知道呢？說不定會發現大便大醬肥料的效果？

誰知道呢？說不定會從大便挖到黃金？（看看蘋果的「大便」表情符號有多活躍！）

無論是做什麼事，都鼓勵每個人嘗試到滿意為止的企業文化和體制。不會在想法剛萌芽的時候就扼殺，而是自由放任生長（不讓其他人吃大便的話，對方反而還會生氣）。不會追究失敗的責任，而是問學到了什麼的從容不迫。

這會不會就是谷歌創新的核心呢？如果要說有什麼區別的話，那是被迫吃下的大便和自願吃下的大便？

☆ ☆ ☆ ☆ ☆

創新來自肥田。那又怎樣？

為了成為好領導者，我隨時確認的事物

二〇〇六年，第一次擔任主管，我在工作者和管理者之間來回轉換身分。身為管理者時，我的精神比擔任工作者時還要快枯竭。應該是因為我做的工作不適合我吧。

首先，數字是我的弱點。我很不會抓團隊運作所需要的預算或協商增加人力之類的事。其次是，跟他人搞壞關係時承受的壓力比搞砸課題還要大得多，而且後遺症持

續很久。最後一點是，我可以大概預測到課題的結果，但是要面對人的事情我很難猜到結果。所以就算有再多的經驗，我也沒有開竅，每次都覺得是新的開始。

不過，我還是有從經驗中學到教訓。以下這些事項雖然實踐起來不容易，但是我為了記取教訓，總是隨時確認。

穩住重心

領導者是穩住重心的人。扮演的角色是握住船舵並決定方向，或是穩住重心，以免重心傾向某一邊。因此，領導者需要大量學習和累積經驗。你有時可能會想要控制瑣碎的小事情或事事都想自己決定方向，但你不必那麼做，否則很可能會找不到方向而失去重心。領導者必須高瞻遠矚，擬定策略。應用程式的圖示或主畫面的設計應該交給設計師去做才對，每件事都想確認等於是浪費時間在跟自己的職級不符的事情上，可以說是一種瀆職。

有時候員工跟我做簡報，分析完不同方案的優缺點後，便問我「應該執行哪個方案？」遲遲沒作出決策。遇到這種情況的話，我會反問「負責人有什麼看法？」最了解該問題、思考最多的人是負責人，所以負責人的意見最重要。領導者的職責在於穩住重心，當負責人未充分思考的時候，要向對方提問並一起討論，讓負責人自己找到答案。

不要轉嫁自己的不安情緒

當了領導者之後，會感到害怕，非常非常地害怕。跟最高階主管開會或做簡報的壓迫感足以令人窒息。最高階主管通常沒什麼耐心，因為他們沒時間，而且對大多數的內容都瞭若指掌，所以常常中途打斷別人的話。

「夠了，所以呢？」

話都還沒說到一半，主管就出現這種反應的話，很容易崩潰。

而且領導者的決定可能會讓整個小組的努力付諸流水、毀掉產品或對公司造成莫大的損失，所以要作決策的時候，我總是很害怕。

但是最應該注意的是，感到不安時做出的行為。舉棋不定、語無倫次、煩躁、發脾氣或說話提高音量……像這樣流露領導者的不安情緒的行為，會讓組員直接感受到領導者的情緒，導致所有人跟著一起不安。尤其要避免為了轉嫁責任而指責他人，別在不安的時候還失去重心，因此作出錯誤的決策。

領導者要能感覺到自己的不安。當你感覺到的時候，要透過自己的方式控制不安的「情緒」，例如擁有個人時間、接受其他導師的協助或暫時把注意力轉移到其他事情上等等。如果經常感到不安的話，要找出並解決根本原因，才能成為更高階的領袖。

尋找長期的解決方案

專案出問題的時候，如果被問到為什麼會發生這種事的話，大部分的人會覺得自己挨罵了。但領導者這麼問並不是在指責，而是為了找出問題的起因，改善問題，避免日後再發生類似的問題。是流程上出了問題嗎？是作決策的程序出了問題嗎？是基礎建設的問題嗎？是預算的問題嗎？還是團隊文化問題等，掌握清楚問題，解決問題的起因是領導者的職責。已經發生的問題交給負責人去解決就可以了（指責負責人對解決問題沒有幫助）。領導者的職責在於規劃根本上的長期解決方案。

當領導者詢問為什麼會發生這種事的時候，負責人因為感到害怕，而隱瞞問題、事後才彌補想要掩蓋問題或謊報問題已經解決的話，那就代表組織文化有問題。改善這個情況是領導者的課題。相信就算赤裸裸地露出弱點也不會對自己不利的信賴感，是打造有創意力的健全組織的重要品德。

教練與導師

領導者是協助組員成長的人，因此要對組員友愛，掌握清楚組員的優缺點和狀態。

在沒有多評量者回饋（multi-rater feedback）機制的公司上班時，我曾經對全體組員做過這一套績效評估。跟上級單方面評估下級的方式不一樣的是，多評量者回饋機制是上級、同事和下級等多人參與的評估方式。如果想讓這個評估方式正常發揮作用，就要有能夠包容此方式的企業文化。因為這套機制有可能弊大於利，所以我不會輕易推薦各位採用此機制。當時第一次做多評量者回饋的組員們非常驚慌，收回評量表來看的我更是不知道該如何是好。那些彷彿情書中才會出現的句子（我喜歡或討厭A）、沒有意見因此留下的空白、工作無關的私事批評等回饋……

所以我花了時間跟組員說明怎樣才算好的多評量者回饋、要怎麼寫評量單、為什麼這很重要、應該怎麼運用等等。我還特別跟多少有點資歷的組員解釋，上級提出的回饋有多具體和實用，也是評估領導者能力的基準。

然後我分享了一張評量單，上面寫了原因和結果。我簡化了自己的意見，用不會傷到對方感情的表達方式敘述同事們的評價概要、該評價期間的成果與表現良好的地方、需要改善的部分等。隨著時間過去，原本像情書的回饋漸漸改善成有建設性的內容，組員們更關心留意同事了，也形成了尊重彼此的職責的文化。

這是我根據在前公司累積的經驗所做的事，而谷歌是特別重視多評量者回饋的公司之一。谷歌員工給彼此的回饋長到令人懷疑值得寫得這麼用心嗎？員工根據各職類和職位的工作難易度、領導能力、工作貢獻程度等等，來填寫各個回饋項目。每到績效考核期間，領導者就得不吃不喝地進行績效評估。這是領導者的職務，所以再忙也得做。

賦予權限與責任

領導者不是代替承擔責任的人，而是協助負責人扛起責任的人。「我會負責的，你儘管去做」有時候我們會覺得說這種話的領導者十分可靠，但這其實是一種不願意把真正的權限交給負責人的領導方式。除了工作上的權限，連結果也一起負責才是真正的做主。

不必負責的權限沒有意義。放心地交給底下的人做事，並讓對方自己感覺到要負起責任，對方才會更主動地做事。要給予失敗的機會，以及對失敗負責的機會，那樣底下的人便會成長。領導者的職責是管控實務負責人的失誤或失敗會對產品造成的損失風險。負責人對自己的工作負責，領導者對自己的工作負責就可以了。

《料理鼠王》教會我的發掘新才能的方法

二〇〇七年上映的動畫片《料理鼠王》描寫了想成為廚師的米小鼠的故事。無論是在回答面試問題或是演講的時候，我都會提到自己從這部電影學習到的教訓。其中有一幕令我常常反思的場面，講述的是創新的過程和新才能的發現。

創新的十個階段

（在繼續往下閱讀之前，建議各位先看該電影中出現的片段。）

第一階段：觀察（Observe）

許多問題的答案就藏在日常生活中。沒有任何構想的時候、沒有進展的時候、需要分析上市產品的失敗原因的時候，從觀察開始做起吧。我念研究所的時候，有一門課是「觀察」，當時學到的AEIOU方法我直到現在還在用。AEIOU分別代表Activities（活動）、Environments（環境）、Interactions（互動）、Objects（物品）和Users（使用者）。

第二階段：發現（Uncover）

觀察一陣子後，會進入發現有用事物的階段。韓國人氣電視節目《我是自然人》中，住在深山裡的人很會找蕨菜、可食用草菜或蘑菇。所知即所見，需求創造技術，關注練就毅力。若想找到寶石，就需要能認出原石的眼光和經驗。

第三階段：尋找團隊（Find Team）

我們能夠獨自辦到的事情少之又少，總會需要他人的協助。所以尋找合得來的夥伴十分重要，要找到可以彌補自己不足的人、可以自在談話的人，或能給予優質回饋的人。

第四階段：共同建造（Build Up）

跟團隊一起打造事物。分享各自觀察並發現的構想，結合自己和夥伴所擁有的東西。協調意見，決定優先順序，擬定目標和計畫。這是跟共事的人磨合的過程。如果彼此的目標不一致，那在事情進行的途中很容易偏離正題或產生分歧。

第五階段：延伸（Extend）

豐富構想的階段。大部分的初階構想不夠成熟或過於鬆散都是正常的。這個時候要建立假設，擬定方案A、B、C，延伸相關的構想。

第六階段：變形（Transform）

進行變形時，需要從兩種觀點出發的嘗試。第一個嘗試是重新解析初期資料、直覺和構想。第二個嘗試是模擬各種情況，例如建立好的構想是最好的嗎？沒有其他方式了嗎？是否有可能引起問題？各式各樣的模擬可以降低失敗機率，有時也可以從重新解析過的構想中獲得意想不到的結果。

第七階段：尋找工具（Find Tool）

當構想整理得差不多，範圍縮小之後，現在要來找實踐構想的工具了。這個工具可能是軟體、平台，也有可能是技術員。不曉得該使用什麼工具的話，就去問專家。

第八階段：製作（Make）

實踐構想，製作看看。不同的目標，要製作的東西也不一樣，那可能是單純的原型、草圖或可以實際運作的產品。不用一開始就想做得很完美，先採取「敏捷式（Agile）」開發來快速創作，反覆多次修改比較好。

第九階段：測試（Test）

現在來到了測試階段。谷歌產品上市之前要先經過團隊食物（Teamfood）、魚糧（Fishfood）和狗糧（Dogfood）等多項測試過程。吃狗糧（Dogfooding）是指親自使用看看自己製作的產品，該名稱出自「Eat your own dog food」這句話。不過，谷歌的吃狗糧測試有一個致命缺點，那就是測試者是自家員工。雖然親自試吃也很重要，但還是需要其他人的試吃評價。我覺得這是多數谷歌產品充滿「科技宅（Geek）」氣息的原因。

第十階段：說明與說服（Articulate）

看《料理鼠王》看到一半的我激動地拍大腿。米小鼠在屋頂煙囪上烤玉米的時候，玉米遭到雷擊而變成爆米花的那個味道，不是烤焦的味道，也不是炭烤味，而是被稱為「閃電味」。既然有了「閃電味」這個名稱，就不需要再畫蛇添足了。在這一刻，誰都想像過卻從未嘗過的閃電味就此誕生。在自己的概念上建立品牌，創造故事，就是創新的最後一個階段。

閃電味被製作出來的這一幕，主角小米和哥哥大米都在場，而且「閃電味」這個名字還是大米的點子。是什麼讓小米變成了最棒的廚師？那就是好奇心和執行力。最佳產品的秘訣不在於厲害的計畫，而是在於數不清的嘗試錯誤。

新才能的發現

這次的焦點要放在美食評論家柯柏。

喜愛食物的主角小米非常尊敬知名廚師古斯多。小米說想為爸爸下廚，但爸爸卻說老鼠哪能做什麼菜，要他接受現實，小米因此很沮喪。有一天，廚師古斯多看到惡名昭彰的美食評論家柯柏的嚴厲批評後，忍不住自殺身亡。再後來，小米偶然認識了廚房助理小林，躲在他的廚師帽中，成為了透過他的雙手做菜的隱形廚師。

小林的料理（實際上是小米的料理）大受歡迎，因此舉行了記者會。被問到料理秘訣的時候，小林支吾其詞，隱瞞了小米的存在，小米因此大失所望。

聽到小林的料理消息後，柯柏為了品嘗料理而登門。此時他吃到的是法國傳統料理普羅旺斯燉菜。一吃到普羅旺斯燉菜，柯柏瞬間回到了童年。那是小時候嚐過的母親的手藝滋味，柯柏弄掉帶來要寫負評的筆，忘了此行的目的，幸福地品嘗著普羅旺斯燉菜。柯柏連盤子裡剩下的醬汁都吃得一乾二淨，並請求跟廚師見一面以表謝意。然而，小林陷入了尷尬的情況，他要怎麼介紹小米，說他就是廚師呢？

小林認為不能再隱瞞小米的存在了，因此回答要等到其他客人用完餐離開才可以，而柯柏表示願意等待。

等了許久後，柯柏見到了廚師小米。小林解釋了這段時間以來發生的事情，讓他看了小米親自煮菜的樣子。默默聽他解釋的柯柏說了謝謝招待之後便離開餐廳。隔天，報紙上刊登了柯柏的評論。

> 評論家這份工作很簡單，我們不需要承擔風險，卻手握評論他人作品的大權。負面評價為大眾帶來了歡樂，但我們評論家卻得面對苦澀的真相，那就是被稱為垃圾的料理，也比我們的評價更有意義。然而，評論家也有承擔風險的時候，那就是發現並捍衛新事物的那一刻。
>
> 世人往往冷漠地對待新秀與新的創作，新的事物需要知己。昨晚，我有了全新的體驗，在意想不到的地方品嘗到了不起的料理。而且，那道料理和它的創作者令我意

識到自己一直以來對食物的看法大錯特錯。他們令我深受感動。以前，我藐視了廚師古斯多的名言「人人都可以當廚師」。我現在才終於知道這句話的含義。雖然不是誰都可以成為偉大的藝術家，但是隨時隨地都有可能出現藝術家。我敢說昨晚我在古斯多餐廳遇到的廚師是全法國最優秀的廚師，我將會為了品嘗他的料理，再次登門造訪。

我本來津津有味地看著小米的成功故事，但畫面一出現柯柏的獨白，我的整顆心就開始沸騰。

就這樣活著吧、恪守本分，不要自尋死路、你不行、你辦不到、麻雀若隨白鶴飛，便要摔斷腿[2]，這些都是我這輩子聽過無數遍的話。雖然麻雀沒辦法變成白鶴，但也能成長為優秀的小鳥。

讓我更熱血沸騰的是，也許我可以成為新才能和創造的知己。為了遭到冷落、迷失方向而佇立不前的人們，為了遭受世界無情對待的人們，我或許能幫忙打造一個更溫暖、更親切一點的世界。

朋友們，今天我也會大力支持你們，加油！

「雖然不是誰都可以成為偉大的藝術家，但是隨時隨地都有可能出現藝術家。」

☆☆☆☆☆

最近谷歌出現了「職涯教練」。因為內向而在表達自我這方面有困難的人、雖然有才能但因為還不熟悉而在工作上失誤的人（更嚴重的問題是因此加深自責感）、因為經驗不夠豐富而作出錯誤策略或計畫，把力氣浪費在無關緊要的地方的人、因此無法好好評估自己的價值的人，都是職涯教練的協助對象。看到員工一點一滴地成長，找回自信，我也覺得很高興、幸福。為了幫助在今年績效考核期間，評價較低的升遷候選人設計師，我盡我所能寫了最好的考核表。聽到她升遷的消息時，我高興得快飛起來了。她向我道謝，並說真心為她的升遷感到高興的我很神奇。我很喜歡像這樣心意相通的溫暖。

2 「麻雀若隨白鶴飛，便要摔斷腿」為韓國諺語，比喻自不量力的人。

CHAPTER 4

送給不想在三十歲 留下後悔的你

慢慢來也沒關係，堅持自我

一直以來，為了替自己講價的時候、
為了升遷而奮力一搏的時候、展開大規模事業的時候，
我的膽子依舊很小。

我只是跟著自己的速度走，跟優秀的人一起做事，
感受工作的樂趣，希望有一天自己能成為高手。

都說人到了三十歲會豁然開悟，
未來要學習的東西、要累積的經驗還很多，要走的路也很長。

對於必須堅持奔跑 42.195 公里的馬拉松選手而言，
調整步伐如同性命重要。
我的目標不是第一名，而是跑完全程。

別勉強自己做不會做的事

我偶爾會一個人去旅遊。有時候是當天來回，有時候則是去幾天。為人母之後，旅行變得更寶貴迫切了。生小孩的話，(暫時)所有的時間都會圍著孩子繞。下班後回到家，在入睡之前，必須履行名為「母親」的第二份工作。週末或假日對一名母親來說，不是休息時間。我的眼前總是浮現今天不處理就會壞掉的冰箱裡的食材、家人的三餐、不寫功課在玩的孩子。在以「母親」和「妻子」身分生活的時空之中，要找到「自我」絕非易事。

尼爾爺爺把山中房子的閣樓借給我住，但開心迎接我的不是尼爾爺爺，而是他的兒子。爺爺的兒子自豪地介紹閣樓，說是他親手蓋成的。

我之所以選中這間房子是因為可以從客廳窗戶看到的紅杉(又稱美國紅杉或長葉世界爺，跟韓國也有的水杉是遠親)森林，還有面向森林的戶外平台。我在這裡看書、寫作、思考，消磨時光。我現在過得好嗎？是否傷害過別人？我有沒有哪裡受傷？以後想要怎麼生活等等，任由有用或沒用的想法流逝，就像整修溝渠的農夫。

紅杉是全世界樹木之中最高大的樹。地球上現存最高的「亥伯龍樹(Hyperion)」

便是紅杉種。紅杉的壽命通常可達兩千年以上，成熟的樹齡在五百到八百年之間。也就是說，杉樹經過五百年的幼兒期和青少年期才進入壯年期。每當我看到朝天空延伸的紅杉，就會對那無法想像的歲月肅然起敬。

紅杉幾百年來在同個位置度過每一天，它會無聊嗎？還是會感激自己又活了一天？又或者是按照大自然的法則，就那樣無念無想地活著，成為了千年道人呢？

不久前，我在歷史書上看到一段關於中國春秋戰國時期的哲學家老子思想的說明，其中有一句話吸引了我的目光。

「無為，Do nothing。」

這句簡短的話深深烙印在我的腦海裡。

什麼也不要做，靜靜停在自身的體內。不要環顧四周，不要傾聽任何聲音，不要抱持任何的希望或意見。像樹或花，達到清空所有意志和欲望的狀態，才是領悟道理的開始。你將會感受到撼動天空，捎來春天的偉大的宇宙法則之道在自己體內開始運作。

——節錄自恩斯特・宮布利希，《寫給年輕人的簡明世界史》

這個教誨要我們如同花草樹木，大自然的生命那般順其自然，不要違背大自然的法則。我在了解老子思想的時候，發現老子將最好的善比喻成水。老子曰：「上善若水」，意即「最好的良善如同水」。在韓文中，做事不精明的無趣之人被稱為「맹물[3]（庸人）」，在瞧不起或輕視他人的時候，也會使用「물로 본다（藐視）」這樣的表達。現在想來，這種說法是把水視為微不足道的東西啊。老子在天有靈想必會大怒……

水有七德，意思是「水有七種德性」。老子說水的七種性質是人類應該具備的七種端正德性。這七種德性也是人際關係、領導能力等自我修養的骨幹。

一為謙虛。水往低處流，不會爭奪占據高處。水之所以流向大海，正是因為大海是最低處。謙虛者自成汪洋大海，擁有令周圍的人自動流向自己的水的能量。

二為智慧。水流堵塞時會折返，懂得折返便是智慧。

三為包容。水納萬物。成為山川的生命之水，接納人類的各種惡行。

四為變通。水沒有固定的形態，可按照盛放之器皿的模樣千變萬化。

五為毅力。沿著水路流淌滴落的水也能穿石。滴水穿石並非一朝一夕之事，還需憑藉長時間的毅力與耐心方能穿透岩石。

3 「맹물」與「물로 본다」之中的「물」跟水同義。

六為勇氣。水有時會化為瀑布，落入懸崖底下；水有時會遭到日曬，蒸發於空中。即便得粉身碎骨，水也在所不辭。

七為大義。水就那樣流淌成為大海。

老子是公元前六世紀左右的人，年代約為韓國的古朝鮮時代，他在數千年前便建構起這樣的領悟、哲學和思想，或許是因為他身處於「思索與提問的時代」。

我們生活在資訊氾濫的時代，外部資訊未經過濾就進入到我們的大腦裡，又未經咀嚼就變成我們的思想。為了建立「自己的想法」，需要思索的時間。而且要擁有提問的時間，不斷提出「為什麼」。就算不是老子的無為思想，也要擁有自己的人生哲學和思想，才能擺脫軀殼，活得像「我」。

☆ ☆ ☆ ☆ ☆

「您知道何謂『道』嗎？」

這是走在韓國街頭上常常會聽到的話。我也被問過好幾次，每次我都會迅速走開。但現在的我忽然很好奇，他們想教會我什麼呢？

無為自然，不是指什麼都不要做，而是「別勉強去做」的意思。所以我覺得或許「Do

your thing」這個說法比「Do nothing」更為貼切。

每天寫下三個教訓

離開山中閣樓的時候，我跟艾倫叔叔（尼爾爺爺的兒子）聊了一會，隨即發現他是個非常開朗、有智慧又有禮貌的人。艾倫叔叔問我住在閣樓期間，有沒有感到哪裡不方便。我能感覺到他小心翼翼地怕打擾到可能想靜靜休息的我，但又很享受跟拜訪者聊天。被他的談吐吸引的瞬間，我差點就要拿出錄音機來錄音了。以下是我整理的從艾倫叔叔那學到的「本日的三個教訓」。

道德 vs. 法律

艾倫叔叔有三個女兒和兩個孫女。他說從來沒有思考過女兒們是女生這件事，總是鼓勵她們盡情去做想做的事。（我實在想不起來為什麼會聊到這個。）

「我女兒無論想做什麼都做得到，想成為怎樣的人就能成為怎樣的人。如果有人對我女兒說：『她不夠好、她太弱了、她不夠聰明』的話，我就會這樣說：『或許現在看起來有些不足之處，但總有一天她會證明自己足夠優秀。』」

我問他：

「為什麼要向別人證明自己的價值？活出自我不就好了嗎？」

艾倫叔叔稍微緩口氣，露出微笑，接著說下去。

「這個世界有道德和法律之分。道德是良心，法律是權利。感到幸福、覺得感受很好屬於道德領域，但是透過法律來保障人人都能做想做的事情很重要。」

叔叔又說希望這個世界公平且美麗，是女兒和孫女想做什麼都能去做的世界。聽完他的話，我的腦海閃過兩個念頭。

第一個念頭是，證明我的存在價值不代表我是在尋求他人的認可。這樣的行為也許能讓他人看到也有這樣生活的人，拋出按照各自的模樣活下去也沒關係的訊息。我覺得證明自己的存在價值，也可以是為了逐漸形成健康共同體的我們而做的事情。

第二個念頭是，有時候道德比法律更重要，尤其是在做設計的時候。我們不僅要遵守法規，還要巧妙地對待消費者的情緒。無論是保護個人資料、私生活或親和性都是。如果抱持只要設計出合法的東西就可以的安逸心態，那絕對無法感動消費者。

保護個人資料是獲得消費者信賴的最基本的誠意，出錯的時候，消費者感受到的情緒不是不適，而是恐懼和憤怒，所以一旦失去消費者的信賴便很難修復。就像約會遲到的男友可以原諒，但劈腿的男友絕對無法饒恕，因為信賴已經瓦解了……

親和性是以「所有生命都很寶貴」這樣的企業理念為基礎。不會珍視人的企業，難道還會珍視其他人嗎？只想賺錢的企業，沒有消費者願意當這種企業的忠誠顧客。

你的想法很珍貴

我問艾倫叔叔是否能把我們的對話內容拿來當作寫作素材，並拜託他給我幾張照片。艾倫叔叔歡欣鼓舞地說多虧我，今天一整天心情都很好，要我寫完文章後讓他看看。我趕緊澄清自己不是職業作家，寫作只是我的愛好。於是叔叔笑著回答：

「那有什麼重要的？如果有想寫的東西，遵從內心去寫就可以了。那是妳的想法，完整屬於妳的東西。」

是啊，那是我的想法，我的文字，又不是得接受審查的論文。

韓國作家李瑟娥說：「寫作是勤奮的愛。」以下是她認為的寫作優點。

寫作擁有令我內心勤奮起來的特性。

寫作令我重新留意觀察不經意路過的事物。

寫作令我清楚記住流逝的每一刻。

寫作是勤奮地愛我自己。
寫作是勤奮地與他人的內心和生活產生連結的過程。

——節錄自李瑟娥，《改變世界的十五分鐘》演講

我可以感覺到自己開始寫作之後的變化。我逐漸養成習慣，重新檢視不經意忽略的事物，為了記得而寫備忘錄，細嚼整理成我的想法。捕捉擦身而過的事物，把它內化成自己的想法是很重要的事。將其寫成文字，則是整理思緒，構築堅定思想的過程。

我覺得自己很棒

艾倫叔叔說加州野火的灰燼覆蓋了整個屋頂，所以得打掃屋頂才行。他蓋了一輩子的房子，要打掃屋頂易如反掌，但是幾年前心臟麻痺發作，所以陷入昏迷好幾天，直到最近才好不容易恢復健康，所以我擔心地問怎麼不拜託別人打掃。

結果這次他開懷大笑地這麼說：

「我覺得自己就很棒了！」

有多少人可以毫不猶豫地說出「我覺得自己很棒」呢？不過，仔細想想，為什麼這句話很難說出口？我們堅持不懈地投履歷，請某人聘雇自己，包裝自己並呈現出來。

但如果沒辦法毫不遲疑地說出「我覺得自己很棒」的話，那究竟有誰會覺得我很好，願意接受我？

面試者或報告者自己缺乏自信的話，聆聽者也會擔心是不是要相信這個連對自己都沒有確信的人。我們可能會失誤或犯錯，但至少要愛自己。這世界上最愛自己的人，必須是自己。

艾倫叔叔用力縮凸出來的小腹，擺出最帥的姿勢，說他扶著的紅杉樹齡超過了一千歲。

☆ ☆ ☆ ☆ ☆

練習看看在睡覺前，記錄下當天學到的三個教訓。那麼，一年會獲得一千零九十五個教訓，三年便會累積三千個以上的教訓。就算沒有做三千次跪拜的體力，也要有寫寫看三千個教訓的誠意，這樣才能達到得道的境界吧？

目標是跑完全程而不是拿第一

隨著居家辦公的期間變長，我的運動量也明顯下降了。跑步機就擺在客廳，但我還是以各種藉口為由，懶得運動，結果我感覺到身體變遲鈍，體力迅速下滑。爬山的時候，必須清楚了解自己的體力極限在哪，並分配好體力。如果孩子氣地說要攻頂，用光了力氣，那就沒有下山的精力，肯定會癱坐在地上。這樣的行為超級擾民。尤其是一個人爬山的時候，更要注意自己的極限，算好下山的時間點。

還是大一新生的我，參加春季校慶的時候，幫忙過大三的學姐們做生意。她們用絹印在白色T恤上染色再拿來販售。在我這個菜鳥的眼裡，那件染色T恤跟魔術一樣神奇。設計系女學生製作的高級印花棉T熱賣，為了慶祝那天的衣服銷售一空，我們在馬格利酒酒館開了慶功宴。生平第一次喝到的馬格利酒十分甘甜。

然而，這就是問題所在。我不曉得自己的酒量到哪裡，也不知道喝醉之後會變得怎樣，就大膽地喝下一杯又一杯學姐們倒給我的馬格利酒。當我感覺到天旋地轉，耳邊傳來嗡嗡聲，思緒混亂的那個瞬間，我忽然浮現必須自己安全回到家的念頭。所以我打電話給二哥求救，告訴他我在哪裡。聽完哥哥見到我說的那句話之後，我就斷片了。

「臭丫頭，妳終於像個人了！」

在小時候的我眼裡，哥哥的人生總是那麼精采美好，令人欣羡。國小的時候，哥哥不知道犯了什麼錯，被處罰關進存放蜂窩煤的倉庫，度過「反省的時間」。結果哥哥不但沒有反省，反而還把倉庫裡的蜂窩煤都砸碎了。媽媽打開門，看到沾滿煤炭的二哥的那天後，舉雙手投降。似乎是決定任由哥哥去，不想再刺激他的樣子（想發脾氣的話，就要像二哥那樣才不會有人敢繼續招惹）。

變成大學生的二哥常常不說一聲就離家出走，在外面背包旅行好幾天，才又以一副乞丐的模樣回家。他打工當家教明明賺了很多錢（二哥就讀名牌大學，很會做人，又管得住學生，聽說是很受歡迎的家教老師，畢竟他也不可能對家教學生發脾氣），說存摺有錢的話就會想存下來，三不五時買一堆書回家、去旅行或請朋友吃飯。二哥那種自由奔放又怪僻的一面很帥氣，令我感到羨慕。我羨慕他是到處都可以躺下來睡覺的男生，羨慕他天生那副脾氣和個性，也很羨慕他擁有自由的靈魂，隨心所欲地生活的樣子。

我是一個膽小如鼠的人。很多人都誤以為我具有挑戰精神，勇敢又有執行力，但我其實事事小心謹慎。就算是路過石橋，我也會先觀察周遭，確認有安全設施才敢走過去，所以我的手腳很慢。回頭一看，不知不覺間，我的同事、甚至是我的上司，還有上司的上司都比我還要年輕。雖然三十五歲過後的我感到焦慮，但以我的速度來說，這是最好的了。

四十幾歲的時候，我開始擔心自己還能做多久的設計師。那時，我有了聆聽范德海登（Gregg Vanderheiden）教授演講的機會。他在馬里蘭大學研究了三十年以上的親和性（Accessibility：研究身體上或年紀、地區、語言、教育水準等條件不一樣的人可以無障礙使用的科技、裝置、建物、制度和文化的學問）。聽完滿腔熱情的演講後，我對他的敬意油然而生，並問他怎麼有辦法投入三十幾年的時間研究特定的領域，以及那股熱忱是哪裡來的。結果我聽到了意料之外的答案。他說過了三十年，現在好像才稍微懂了一點，從現在起好像可以大展身手了，但是很多人工作還不到三十年就想退休，實在很可惜。他的意思是，自己累積三十年的功力，這才有了領悟。後來我搜尋了范德海登教授的履歷，結果跳出了這段介紹：

「范德海登博士四十七年來活躍於科技親和性領域。」

我沒有砸毀煤炭的脾氣，沒有一聲不響離家出走的勇氣，也沒有自由奔放的靈魂，那我是怎麼面試上矽谷頂尖企業之一的谷歌，成為最熱門的人工智慧研究首席設計師的？我認真地想了想，一切都是因為我膽小如鼠。

為了確保安全，我會眼觀四處，耳聽八方。跟狐獴一樣環顧周遭，在身邊安排好一旦出事就能逃去避難的地方，以及可以協助我的人。如果要我突然傳新年問候訊息給久未聯絡的熟人，這對我來說並不難，因為他們是我的熟人。應徵或嘗試聯絡很多間公司也不可怕，因為那些公司都在徵才。自告奮用去授課或沒頭沒腦寫信詢問家喻戶曉的名人是否願意接受採訪，也不是什麼危險的事，大不了被拒絕而已。

但是因為膽小如鼠的個性，我無法輕易放棄正在做的事情，常常憑著一股傻勁繼續撐下去。

「勤勉、有責任感地妥善完成工作。」

這是我常聽到的周遭人給予的評價。所以，如果我拜託熟人幫忙推薦的話，大家都會欣然伸出援手。那是我最大的資產。幾乎每次換工作的時候，第一年都會很辛苦。無論是在三星，或是在谷歌，皆是如此。為了熬過第一年，我常常覺得自己快死掉了。但是過了一年、兩年後，我往往會變成大致上受到好評的優秀員工。

一直以來，為了替自己講價的時候、為了升遷而奮力一搏的時候、展開大規模事業的時候，我的膽子依舊很小。我只是跟著自己的速度走，跟優秀的人一起做事，感受工作的樂趣，希望有一天自己能成為高手。都說人到了三十歲會豁然開悟，未來要學習的東西、要累積的經驗還很多，要走的路也很長。對於要堅持奔跑四十二點一九五公里的馬拉松選手而言，調整步伐如同性命重要。我的目標不是第一名，而是跑完全程。

☆ ☆ ☆ ☆ ☆

養育同卵雙胞胎女兒的最大難處是，這兩個孩子的步調不一樣。她們會比較彼此的步調，在被比較的情況下長大。以前發生過一件事，兩人一起學游泳，但是只有一個人考試通過，另一個沒考過，因為內心受傷而放棄學游泳。自出生以來就有比較的對象，所以她們這一輩子都不得不意識到對方的速度，很難以自己的絕對速度走下去。希望我的孩子們在成長的過程中，可以按照各自的時速表前進，不要陷入比較之中。

真心為他人的成功感到高興

我所屬的谷歌設計部門有一套４Ｅ設計方針，４Ｅ分別代表同理心（Empathy）、表達（Expression）、體驗（Experience）和卓越（Excellence）。

其中最基本的品德是同理心。那是對他人、一起工作的組員，還有像新冠疫情等一連串社會議題產生同理心的能力。那份同理心帶來的成果就是設計。對於個人資料外流的憂慮、因為通訊速度慢而很難上網的人、沒有錢而無法接觸資訊的人、有夢想但找不到交流渠道的人、因為各種障礙而較難使用裝置的人……設計始於對這些人事物的同理心。

我曾經在公司的設計檢討會議上對某個專案表達遺憾，因為那是沒有考慮到使用者的設計提案、是適合快速脫手的專案、是我們團隊不用負責的專案、是適合跟協作團隊協調的專案。使用者來到這個階段之前經歷了怎樣的過程（其他負責人負責的部分）、過了這個階段之後會變得怎樣（其他負責人負責的部分）、這個解決方案可以替使用者解決什麼問題，完全感受不到大家在這些部分的「用心」。雖然我語帶玩笑地指責說，設計師必須具備造福人間的精神，但那天我一直很失落。很少人把自己的工作當作使命，是一件令人難過的事。我們的工作應該是職業才對，如果工作只是職場的話，那我們就只剩下一副空殼了。

同理心也是領導者需要具備的品德，或許是這個時代最需要的品德也說不定。谷歌對不同職類和職級要求的關鍵能力都不一樣。其中特別要求領導者要具備的是，「獲得與留住人才」的能力。谷歌內部的人才流動十分自由。各個小組會競相挖角其他組的組員，而且隨時開放公司內部招募，員工可以自由申請調到其他小組。所以找來優秀人才，組織團隊的運作，是領導者最重要的作用。打動人心，使員工自我激勵、懷抱熱忱、克服弱點，建立情感紐帶的關鍵就在於領導者的同理心能力。

綜觀歷史，許多征服世界的領袖是堅忍不拔的榜樣。傳統上的成功領袖能力是指有魄力地率領眾人的模樣，但是在這個割裂傷口且無處可去的時代，我們需要的當然是儒將。對我的難過產生同理心的領導者、不是把我當成零件，而是視我為一起前進的戰友的領導者、把我當成人來看待的領導者、尊重我的領導者，才是身處這個時代的我們所期盼的領袖吧。

幾乎沒有什麼事是我們可以獨立完成的。大部分的事情需要跟他人合作，接受他人的協助，或是在別人建立好的東西之上進行補充。就連最近盛行的自媒體也不是一個人就能完成的事，自媒體需要和訂閱者交流，獲得共鳴。同理心能力包含了「心酸美學」，感受到某人身上的心酸情緒，那就是同理心。

先照顧人再關心數字

不久前，我們部門來了一位新的領導者，填補空缺許久的部門主管職位。由於組織龐大，進行中的專案又多，跟其他部門有關的課題也堆積如山，所以接連替主管安排了介紹小組專案和稟報待解決問題的日程。報告中充滿專案代號名稱、縮寫、符號和圖表。我的孩子氣突然作祟，很疑惑為什麼都沒有人提到要跟同事見面的事。所以除了介紹團隊之外，我還另外安排了部門主管跟組員見面。因為我覺得在了解專案代號名稱之前，主管應該先知道共事員工的名字。

我在休息時間讓大家自我介紹，當然部門主管也參加了。在這段時間禁止談到工作。令人吃驚的是，我們知道了很多原本彼此不知道的事。瑪麗亞會說四國語言；史考特寫過電影劇本；漢娜每天畫一幅插畫且手藝很不錯；凱倫喜歡玩滑板且大學時是冰上曲棍球選手；史蒂芬說爺爺的日子不多了，內心很焦急，大家聽了都感到很惋惜。

因為新冠疫情而開始居家辦公之後，彼此分享瑣事的聊天機會也消失了。以前在辦公室工作的時候，在走廊上遇到會打招呼，在員工餐廳也會問候彼此，邊吃午餐邊聊人生話題而變熟，但是居家辦公後，除了公事以外，我們不再聊其他事情了。就算是一對一的見面也得特別安排會議，所以沒什麼機會可以跟同事變熟，我們又不能為了問對方的休假計畫而安排會議行程。

領導者的作用在於處理人事。適得其所，把對的人安排到對的位置上，由合得來的成員組成團隊，盡可能交代不會起衝突的工作給對立的成員，這些都需要領導者的智慧。每個人的適性都不一樣，所以有人領導氣質較強，有人擅長從旁輔佐；有人擅長做企劃，有人擅長整理；有人擅長獨立工作，有人擅長團隊工作；有人喜歡說話，有人喜歡傾聽。這些人聚在一起工作的地方就是公司。

而且每個人的成長背景和人生經歷都不一樣，有些人有小孩而必須在五點準時下班；有些人晚上工作效率比較高；有些人本來工作表現優異，但因為生病而無法發揮最好的狀態；有些人因為各種私事而無法專心工作。人不是機器人，期待員工一年三百六十五天都保持最佳狀態，取得最好的成果，這是不對的。所以清楚了解員工的狀態是領導者的基本義務，是領導者的職責所在。領導者要做的不是關掉機器人的電源，而是妥善處理人事。公司需要領導者做好這件事，所以才會給領導階層更高的薪水。

有一天，一起工作的組員提出面談請求。他小心翼翼地開口，小孩子生病了，所以好像得申請育嬰留職停薪。當時距離新產品上市沒剩多久，所以他才很難提出留職停薪。聽完之後，我說會盡快辦理留職停薪的手續。但是，我的反應可能跟他期待的不一樣，他看起來莫名失望的樣子。他問是不是少了他也沒關係，我才恍然大悟。

所以我又補充解釋：

「人生中最重要的是自己的健康，其次是家人，接下來才是工作。弄壞身體，失去家人的話，要工作還有什麼用？我們這一輩子都得工作，所以在有需要的時候，休息一下也沒關係。雖然目前這種情況少了任何一個人，打擊都會很大，但是公司總會運作下去的。我會替你保留位置，等你回來，所以等孩子恢復健康了就快回來吧。」

這時他看起來才稍稍放心。這件事也讓我受益匪淺，讓我學到溝通的時候要完整傳達自己的意思才行。

新冠病毒帶來了意料之外的新冠憂鬱，不知不覺中也對業務造成了影響。自開始居家辦公的二〇二〇年三月以後，谷歌準備了許多對策，其中令我印象深刻的是，經理培訓計畫的改變。跟以往典型的領導者培訓不同的是，新設了關於心靈管理（焦慮症、憂鬱等）的培訓計畫。讓因為突如其來的改變而內心不安的員工安定下來的方案，和有效率地居家辦公的培訓，都很新穎。此外，以防員工為了照顧自己或家人而轉為兼職或必須留職停薪的情況增加，公司延長了留職停薪的期間，並迅速修改相關制度。調整考核機制也是令我吃驚的點之一，根據縮短的工作期間修改個人績效目標，又調整期望目標，使員工可以接受公平的考核。

搶不到優秀人才、錯過優秀人才、留不住優秀人才，這對公司的損失極大。無法培養這樣的人才，更是整體社會的缺憾。因為即使優秀人才不屬於我的團隊，不屬於我們公司，社會也需要這樣的人才。以人為優先，照顧好員工，員工才會創造出成果。

在零接觸社會中容易錯過人的味道、人的聲音、人的情緒……答案就在其中。

別輕易對他人作出判斷

女兒海娜有一點跟我很像，那就是不擅長做討厭做的事。所以各個科目或主題的學業成績總是起起落落。我知道被迫做討厭且不同意的事有多痛苦，所以海娜說不想做的時候，我會跟她解釋為什麼要做這件事，但這對我來說是一大課題。

有一次，海娜寫英文作業寫到生氣，臉上寫滿了怒火。應該要趕快寫論說文才是，但是她一個句子也寫不出來，痛苦地熬到了深夜。她的作業是看天才演講家魯迪・法蘭西斯柯（Rudy Francisco）的 YouTube 影片，分析他是怎麼引起聽眾的情緒、如何起承轉合、如何詼諧地演講和調整語氣強弱，並寫下自己的想法。令海娜生氣的是該影片傳達的訊息。

影片標題是「愛抱怨的人（Complainers）」。主要是在說，你所抱怨的小事情，跟因為戰爭、疾病或意外而深陷痛苦的人比起來什麼也不是，所以不要再抱怨了，感謝你還活著吧。海娜對影片傳達的訊息很生氣，所以拒絕寫功課。她說：「這種訊息算什麼演講啊！」

海娜是個容易哭的孩子。對她來說，眼淚就像無法憑意志力控制的化學反應，所以她常常在不知不覺間隨著情緒變化而流淚，每當那種時候，周圍的人說出的話常常給她帶來傷害，像是「幹嘛為了這種小事情就哭啊？」、「這有什麼好哭的？」、「妳怎麼哭了？」她在那一瞬間是真的覺得心情糟糕、害怕、難為情或傷心才哭的，但是周圍的人卻認為這是「小事」，所以讓她很受傷。因此，她會對法蘭西斯柯傳達的訊息感到生氣也是理所當然的事。海娜寫完功課，跟我說為什麼會生氣的時候，我跟她一起罵了法蘭西斯柯好一會。那還真像老頑固會說的話……

小時候，我堅信沒有經歷過的事是無法理解的。從來沒有感冒過的人，怎麼可能理解感冒是什麼呢？所以我總想著「我要去經歷那波濤洶湧看看」、「那個經驗將使我更睿智」。但是有了年紀之後，我才明白人的經驗非常有限，以為那有限的經驗就是全部，仰賴於此的瞬間，就會變成老頑固。

最重要的是，我所經歷的感冒，跟別人經歷的感冒不一樣。大學時期，聽到學妹跟交往多年的男友分手，我想起了自己經歷過的離別。想到自己不吃不喝，臥病不起，因此想說要快點安慰學妹。結果跟我預期的相反，學妹好端端的。當時我想到了「情緒痛苦鑑定儀器」，如果可以透過標準指標顯示人的痛苦指數，那該有多好……

我們總是太輕易地對他人作出判斷，「你要懂得感激才是」、「那沒什麼好難為情的」、「那算不上辛苦」……這些話，除非是痛苦到會摔出宇宙的事，否則絕對沒那麼痛苦的地球人的評判。但是每個人的胸襟天生不同，情感的豐富度不同，分析情況的智商也不同，怎麼可以說他人的痛苦「不算什麼」？更可笑的是，當對方撐不下去了，變得搖搖欲墜的時候，才安慰說「沒關係……」這群該死的地球人！

研究消費者心理並製造產品的我，在從事這份職業的時候，非常小心，以免我的經驗變成泛化誤差。一旦泛化自己的經驗，那產品很可能就不是為了消費者，而是為了我自己製造的了。我常常聽到高層說「我是使用者，所以我知道……」、「我家孩子用過，所以……」等等。覺得自己可以代表一般使用者的這個荒謬群體最令人頭痛，認為自己是一般使用者的谷歌員工也是。

考慮是否要出書的時候，我最先想到的是環境問題。我擔憂是否能寫出值得犧牲樹木的書，擔心會增加印出來後被丟掉的無數出版物垃圾（還記得在第一份工作的新進員工進修課程中，曾看過為了配合發行數量而印出來卻又隨即被丟掉的報紙）。對我來說這是很嚴肅的煩惱，但不曉得為什麼聽到的人都覺得我很好笑或太誇張。雖然我不期待他人可以理解我，但是遇到哈哈大笑、說我想太多或反過來激動地問我「現在的問題是那個嗎？」的人時，我還是會立刻後悔，覺得不該跟他們提起這件事。

同理心不是指理解對方的心意，而是只要傾聽並點頭就好，但他們連這一點也不知道。錯誤的理解反而很有可能是同理心的毒藥。比起理解或同理心，也許我們更需要的是仔細傾聽自己的故事的某個人。

☆☆☆☆☆

結果海娜沒有趕上繳交截止期限，隔了幾天才交作業。孩子決定要怎麼接納、回應這個問題的時候，我唯一能做的就是相信並等待她。人人都有表達自己的想法的權利，也有權利不同意某個想法，但這不是不交作業的理由。我認為女兒這幾天獨自思索、得到這個結論的過程，是比英文作業拿到高分還要有價值許多的學習。希望我那心愛的女兒可以成長為美麗堅定的人。

按照內心想法前進，別害怕

我很愛看韓國電視頻道 tvN 的綜藝節目《劉 QUIZ ON THE BLOCK》。受到新冠疫情的影響，節目內容進行改版，請來各行各業的人當嘉賓，分享有趣的故事。第九十八集〈堅持到最後〉篇的金英美導播的故事令我感觸很深。

節目介紹說嘉賓是捨命到衝突地區取材的人，所以我理所當然地以為會出現男嘉賓，結果登場的是女嘉賓，因此嚇了一跳。聽到她是有三個孩子的母親之後，又嚇了一大跳。

本來是家庭主婦的她離婚後，在翻閱報紙找工作的時候，看到了東帝汶女大生的遺體照片。因為很好奇這是怎麼回事，就拿著一台相機，去東帝汶了。聽到這段「突然的東帝汶之行」故事後，我瞬間浮現的想法是「哇！原來真的有這樣生活的人」。

她在九一一襲擊事件後，去了阿富汗，這件事讓我更加震驚。美國總統對阿富汗宣戰的時候，提到的理由之一便是女性人權。金英美導播說她很好奇阿富汗女性是身處在怎樣的環境，才會促成美國攻擊阿富汗。

主持人問她不怕嗎？聽到她說好奇心戰勝了恐懼，我便對她產生了敬意（做著我絕對辦不到的事情的人，總是讓我感到驚訝和敬佩）。

只有一次的人生、不曉得明天會怎樣的人生……充實度過今天的她的人生觀看起來真的很帥氣。我始終記得節目結尾的採訪畫面。她去南蘇丹取材的時候迷了路，因此跟居民問路，結果某位蘇丹婦女這麼說：

「妳經過的地方都是路。」

金英美導播說聽完那句話之後，獲得了勇氣。

因為我走過來了，所以這也有可能是一條路啊。
不要太擔心前面的路，就算走那條路也可以啊。
我想就這樣走走看，不管那是不是路。

——節錄自金英美導播，tvN《劉 QUIZ ON THE BLOCK》

我們這輩子會不斷煩惱自己走的這條路是不是對的。繼續走下去會不會是死路？要折返嗎？然後觀察周圍的人，其他人走了哪條路？有沒有人走在我這條路前面？我後面有沒有人？有幾條路就是幾條路，只有一條路就是只有一條路，看不清前路就是看不清楚……所以總是感到害怕、不安、懷疑。

二十歲左右的我說，想過過看波瀾變化的人生，媽媽因此大力打了我的後背一下。大人要我跟別人一樣過平凡的日子，要我走安全的路，要我配合周遭人的步伐，要我別一枝獨秀。

現在我的年紀也夠大了，可是……我當初有什麼好害怕的呢？

希望有更多的大人可以告訴年輕人，別走前人可能很後悔的那條路，別因為看得到路就無條件跟著走。

沒關係，快快走或慢慢走都沒關係。無人走過的路並不危險，只是因為沒人知道那是一條路，所以才會感到害怕而已。

折返也沒關係。折返的路上遇見的人生經驗，有時也會讓自己變得更堅強。

休息一下再走也沒關係。這又不是要配合前後步調的軍隊行列，也不是需要準時搭乘的通勤公車。

不是因為有路才往前走，而是因為自己走過了，才出現那條人生道路。遵從自己的內心漫步看看吧。就像那位南蘇丹婦女的指引一樣……

「你經過的地方都是路。」

CHAPTER 5

拯救放棄英文的我的學習方法

明白有些事比英文實力更重要

人們往往認為只要英文流利，便能萬事順利。

有些人會覺得「自己的問題出在英文能力」，
而我有很長一段日子也是那麼認為的。

然而，我們應該要檢視比英文能力更根本的東西。

第一，自己是否具備獨一無二的內容或故事。
第二，英文是否令自己自信心受挫、感到羞愧，
遮蔽了自己擁有的東西。

英文不好也不用沮喪的理由

國中就放棄英文的我，開始了美國研究所碩士留學生活。念研究所的這兩年來一把鼻涕、一把眼淚直到畢業前夕。念研究所的那段時期是一段激烈的歲月，如果我高三的時候像這樣念書的話，應該早就考上哈佛大學了吧。但問題不在於碩士課程，而是之後的就業。其中最大的難關是電話面試。在沒有手腳比劃和眼神的幫忙之下，要跟看不到的對方用英文對話一個小時，是最辛苦的事，但是我也不能因此逃避。大部分的美國公司第二輪面試都是採用電話面試（第一輪是書面審查）。

我非常想去摩托羅拉工作，但我在電話面試中，犯下了哭笑不得的錯誤。面試官擔心我的英文能力不夠好，問我是否能勝任工作。我應該要回答「fluent」（流暢）才對，但我的嘴巴不知不覺蹦出了「frequent」（經常）這個單字，不小心證實了面試官的憂慮。我當然在電話面試這關就被刷下來了。

在收到幾次拒絕通知，正是意志消沉的時候，某間IT顧問公司邀我進行電話面試。我準備了幾道跟設計有關的預想問題，然後把回答寫下來練習。

電話面試開始，一切按照我設想的問題順利進行。最後，面試官問了我最後一個問題。

「What do you think makes a good consultant？」（妳覺得好的顧問需要具備什麼能力？）

我沒有想到這一題。腦袋一片空白，我沉默了三秒。

「Hello, are you there？」（喂？妳聽得到嗎？）

面試官在電話那頭催促我回答。就在我認為不能再拖下去的那瞬間，我不由自主地說出這句話：

「I think there are 3 points.」（我覺得有三點。）

天啊！我在說什麼？呃啊，三點是什麼鬼啊……

思緒混亂的同時，我接著說下去。

「第一點是吧啦叭啦，第二點是吧啦叭啦，第三點是……」

這次的面試也搞砸了。

電話面試結束後，垂頭喪氣的我遇到了研究所指導教授。指導教授聽完我的面試過程，大笑著說：

「妳真的表現得很好！三點什麼的並不重要，重點是妳讓對方知道妳可以歸納出三種能力啊。」

沒錯，拼拼湊湊也能說出大略的句子出來。專業性、信用、溝通、團隊合作、領導能力等等，重點是我讓對方知道我能抓住要點並整理出來。後來我收到了錄取通知，在美國展開職涯第二春。

好像是因為這時的經驗吧？我養成說話或聆聽的時候，在筆記上記下要點的習慣。驚人的是，大部分的內容都被概括成三點。在會議上說話長篇大論的人，不僅說話內容難以理解，還會花很久的時間才說到結論。如果會議停滯不前，就這樣說看看吧。

「我認為有三個要點！」

我在那間ＩＴ公司負責的客戶是美國最大的保險公司州立農業（State Farm）。聽說面試官聽到我在電話面試中最後擠出來的那三個要點後，決定要錄取我。當時面試官跟我說之後會加入州立農業的專案，但是我的反應太冷淡了，所以他覺得我好像不想入職。其實我當時根本不知道州立農業是美國最大的保險公司，心裡想的是「州立（State）農場（Farm）為什麼需要設計師？我果然完蛋了。」

在美國的職場生活是我跟自己的鬥爭。對愚笨的自己感到羞愧，又覺得自己也沒那麼糟糕的違和感，讓我在這兩種感覺之間感到徬徨。

我們透過語言交流，透過語言表現能力，透過語言獲得認可。組織自己心中的想法和構想，用合適的語言表達出來，用對方能理解的格式來表達，對方因此能夠理解內容……這就是溝通。如果沒有把想法具體化，如果構思沒有呈現出來，如果自己的想法不能說服他人，那不過是飄浮在自己腦海中的思緒雲朵罷了。

所以英文就像絆住我的石頭。在美國工作的第六年，我碰到了真正的困境。進入新公司後，應該要交接工作才對，但是交接者就像身披鎧甲，掃射機關槍的狙擊手。說話完全沒有停頓，一點給人插嘴的空隙都沒有。她的「口才」甚至是肉眼可見地好，劈哩啪啦說完話後，一臉的滿足感和優越感。如果我聽不懂，想問問題的話，她就會擺臭臉。

這讓我對自己不足的英文感到更加絕望。好埋怨無法當場回嘴，事後才反覆咀嚼的我自己。愈是那樣，我的想法愈是打結在一塊，說話愈加結巴，聲音愈來愈小。我覺得必須行動才可以，所以報名了公司提供的交流課程，沒想到這個決定做得很對。

根據許多學者的研究，在交流中字典語言的占比不到百分之二十，也就是說剩下的百分之八十由非語言的表現組成，例如表情、身姿、語調、語速、眼神或手勢等等。舉個例子，「算了」這麼簡單的一句話，在什麼脈絡下用怎樣的語調說出來，傳達的意思非常不一樣。因此，比起語言擁有的字典上的意義，百分之八十以上的溝通是透過跟該語言一起使用的非語言意思傳遞完成的。

仔細想來，在這方面我的交流技巧比那個交接者還要出色。我擁有出色的傾聽能力，可以抱持開放的心態延續對話。我往往會進行有效率的交流（因為我知道怎麼用英文委婉地說話），尊重對方的意見並繼續對話，所以我最終能夠協調意見，達成協議。

最重要的是，大家想跟我一起工作。交接者的攻擊性和聰慧雖然在處理工作時可以立即見效，但是在執行長期專案的時候，這反而是扣分。

谷歌每年進行兩次的績效考核，其中包含六到七名同事參與考核的「同事評價」。作答完各種評價項目後，最後會出現兩道開放式題目。

「A真的很擅長做什麼？」

「A如果想做得更好，應該怎麼做？」

作答者要寫下一件對方做得很好的事情，以及一件可以做得更好的事情。這個方法可以避免評價者做出重複的回答，並具體指出某個部分，提供有幫助的實質回饋。

以下是同事最近對「金恩住（我）真的很擅長做什麼？」的評價。

交流。她不僅經驗豐富，洞察力強，溝通能力和親和力也很好。是直接明確的交流類型，擁有讓各種利害關係人團結在一起的能力，而且態度良好地履行自己的職責。

在不熟悉英文的情況下，在母語是英語的人之間，不知不覺畏縮的情況很常見。所以容易犯錯，放大自己未能擁有的東西，小看自己所擁有的東西。

可是，我們沒有理由視自己的寶石為石頭。意識到自己的魅力，充分把它當作自己的東西來享受的時候，自己才會發光。如果是用不屬於自己的東西來包裝、隱藏或裝飾自己的話，那真正的自己會消失，只剩下冒牌的自己。而人們很快就會察覺那是冒牌貨。如果自己擁有的寶石不會發光，人們就會按照自己的標準來為它定價。

自己的寶石要由自己定價。

☆☆☆☆

隨著電影《警察故事》系列和《尖峰時刻》大獲成功，順利在好萊塢出道的香港演員成龍出演的脫口秀，給我帶來新鮮的衝擊。因為我自己的英文實力就夠令我痛苦的了，沒想到他的英文比我還糟糕，但他還是征服了聽眾，引導著對話！聽眾為他歡呼，深陷在他的話語（準確來說是魅力）之中。看看憑藉電影《夢想之地》橫掃全球電影節獎項的尹汝貞演員的採訪。無論她是用英文還是韓文說話，都能完整感受到積累五十多年的功力。重要的是本質上的內容。那個內容擁有的力量、特點和魅力，將會打開聽眾的耳朵和心扉。

克服英文恐懼症的特殊學習法

一九九八年，快三十歲的時候，我隨著留學的先生來到美國。英文早在國中的時候就放棄了，大學時期的英文程度勉強及格，所以我算是在英文文盲的狀態下展開美國生活。如同從零開始，我在沒有基礎的狀況下，學到了生存用的英文。與其說是學習，倒不如用「生存」來表達會更貼切。

雖然辯論是美國的文化，但是在谷歌所需要的辯論能力程度比在其他美國公司時還要來得高。比起解決方案，我們花更多的精力在定義問題，不斷地問自己現在為什麼要做這個東西（煞有其事並嚴肅地，甚至是優雅地說明為什麼要吃大便、這個東西為什麼不是大便，我的天啊！）而且因為自由的企業文化，團隊很容易解散再重組，大家各自尋找想做的事，不想做的話就乾脆不做。領導者要拉得動組員們，所以被要求的最重要技能之一就是影響力。為了發揮影響力，有邏輯的思考和「口才」比什麼都還重要。

在谷歌的第一年猶如在漆黑隧道中徘徊。我得到的結論是，我以後還要在美國從事經濟活動很久，因此英文問題是我無法逃避的部分。那麼，我該做的不是逃跑、迴避或感到挫敗，而是努力學習。

我領悟到這個道理之後，立刻參加了線上讀書會。這個聚會團體有六名成員，我們週一到週五每天朗讀英文原文書一個小時。我決定在結束我身為上班族、主婦和母親的一天之後，從晚上十點開始，完整地投資一個小時在自己身上。

我是從二〇二〇年一月開始的，所以堅持了挺長一段時間，幾乎天天參加。一開始我是抱持至少要做點嘗試的心情開始的，但回頭一看，我獲得了意想不到的成效。或許我的經驗能幫到某個人，所以我想分享給各位。

治療對英文的莫名不安

隨著我每天投資一個小時學習英文，對英文的莫名不安感、什麼也沒做的自責感，因此累積的「我不行的」負面思考漸漸消失了。真正腐蝕我的不是英文，而是自我折磨的想法，就連這樣的想法也明顯減少了。對自己感到滿足和自豪是學英文附帶的好處。運動過的人應該知道，運動除了強身健體的效果之外，對運動的自己感到滿足，也有維持精神健康的類似效果。

克服英文恐懼症

就像開頭說的，我國中的時候就放棄英文了，所以我的英文恐懼症很嚴重。在大一的必修課英文課上，大家輪流朗讀原文書。還記得我當時真的覺得很丟臉、痛苦。所以對我來說，在別人面前朗讀原文的抗拒心理和壓迫感很大。但是線上讀書會的成員跟我沒有私交，又有跟我類似的困擾，所以就算我念錯也沒關係。這麼想之後，原文朗讀起來便自在多了。

克服英文挑食的毛病

很慚愧地，除了工作和孩子學校生活的相關英文，跟生存無關的英文我幾乎都沒在使用。所以我會說的英文十分有限，主要反覆使用我知道的單字和表達。

但是自從加入讀書會之後，我接觸到各種主題和類型的書，平均地熟悉了新的詞彙和表現。就像為了健康，食療和體質的改善很重要，我覺得學外語的時候，也要了解其背景文化和歷史，才能把它變成自己的語言。

令人驚訝的是，我開始在現實生活中看見新學會的單字或表達。本以為至少我的職場英語有一定的程度，但現在的我再次感受到原來我不經意錯過的東西好多啊。

鍛鍊英文肌肉

「舌頭打結」是我們常常聽到的話。開始朗讀之後，我發現自己知道的單字和會用的單字並不一樣。就像知道食療和會做菜是兩回事。舉個簡單的例子，我讀過的書出現了 citrus（檸檬、橘子或萊姆等柑橘屬植物）這個單字，我明明認識這個單字，但是要念出來的瞬間，我的腦袋就堵住了，一片空白。尤其是要念出 explicit（清晰的）、

implicit（暗示的）、exacerbate（使惡化）等單字的時候，需要用到說韓文時不太常用到的臉部肌肉、嘴巴肌肉和舌頭肌肉。所以就算是我知道的單字，在日常生活中也會故意避開不用或含糊其辭地說出來。那樣的話，對方的反應一定是「你說什麼？（Excuse me?）」

讀書會的朗讀可以讓我毫無壓力地練習。朗讀完之後，再練習一次發音較難的單字，努力正確地發音，盡量不要含糊其辭。多虧於此，如果遇到不得不使用特定單字的情況，我可以稍稍更有信心地處理它了。

朗讀的力量

我的生存用英文基礎相當薄弱，最大的弱點就是寫作。用眼睛看的閱讀理解，可以一邊快速掃視，一邊掌握內容。聽力大致上是靠察言觀色，口說則可以透過肢體語言和對方的反應（理解能力）來溝通。然而，寫作會讓我的英文實力展露無遺。寫文章的話，要思考時態、冠詞、介係詞對不對，所以我會陷入「崩潰狀態」。是a還是the、是on還是in……說話的時候，雙方差不多聽得懂就算了，雖然文章也能傳達我的意思，但是會被作為文字留下來，赤裸裸地顯示出我的英文程度，所以寫作是我很難克服恐懼的領域。

朗讀英文書的時候，我會一個一個用心地把時態、冠詞、介係詞和詞彙等等念出來，所以自然而然地產生了語感。自然地感覺到這種時候要加 on、使用 the 比較通順。雖然用電腦打字的時候，接受自動拼寫或建議詞彙功能的協助的話，可以立刻糾正錯誤，但是大腦什麼也沒記住。然而，朗讀帶來的效果是，我可以慢慢跟著文章脈絡和內文走向，充分感受文字，當聲音再次傳入我的腦海裡，就會牢牢記下來。

團體賦予的動機

過去十幾年來，我的新年目標總是減肥、運動和學英文。往往是三天打魚，兩天曬網，很難堅持下去養成習慣，經過反覆的嘗試和失敗，最後自暴自棄。但是讀書會不是一個人進行，而是有好幾個人一起朗讀。跟大家認識久了之後，便產生親密感，刺激彼此，賦予動機。這讓我深刻地體會到學習英文（減肥和運動也是）的問題不在於方法，而是在於我多有毅力。

找出適合自己，又能堅持不懈，樂在其中的方法，把它變成習慣吧。

讀書會閱讀清單

—《*Atomic Habits*》，James Clear（《原子習慣》，詹姆斯・克利爾）

—《*Looking for Alaska*》，John Green（《尋找阿拉斯加》，約翰・葛林）

—《*Becoming*》，Michelle Obama（《成為這樣的我》，蜜雪兒・歐巴馬）

—《*World War Z*》，Max Brooks（《末日之戰》，麥克斯・布魯克斯）：活屍題材小說，內容類似目前的新冠疫情。

—《*Nudge*》，Richard H. Thaler（《推出你的影響力》，理查・塞勒）

—《*A Man Called Ove*》，Fredrik Backman（《明天別再來敲門》，菲特烈・貝克曼）

—《*Factfulness*》，Hans Rosling（《真確》，漢斯・羅斯林）：大力推薦！

—《*And Then There Were None*》，Agatha Christie（《一個都不留》，阿嘉莎・克莉絲蒂）

—《*A Little History of the World*》，E. H. Gombrich（《寫給年輕人的簡明世界史》，恩斯特・宮布利希）：暫時沉醉在老子的無為（Do Nothing）世界。

—《*21 Lessons for the 21st Century*》，Yuval Noah Harari（《二十一世紀的二十一堂課》，哈拉瑞）

☆　☆　☆　☆　☆

初來乍到的美國既陌生又可怕。剛來的第一年，我和先生曾去機場接從韓國過來的家人。暫時把車子停在機場停車場的先生，要我進去看看飛機是否著陸了。那時我還是英文文盲，又極度害怕面對人（西方人），所以我說要待在車子裡。先生停好車，進去機場的期間，有個警察走過來，警告我必須移車。我動也不敢動，像人形模特兒一樣坐在副駕駛座。發出訊號好一陣子的警察在瞪大雙眼的我面前，把違規單夾在雨刷上就消失了。那天先生看到跟人形模特兒般坐著的我之後，露出的荒唐表情我還歷歷在目。

任何人都能跟上的超簡單英文學習習慣

即使是去歐洲出差，我也會凌晨爬起來參加原文書朗讀讀書會。以出席率來說，就算拿不到全勤獎，也能拿到勤學獎。

眼睛的速度比嘴巴快，所以朗讀的同時，應該觀察前後的文字。確認要在哪裡斷句、某句話是誰的台詞、之後會有怎樣的情緒變化等等，當作節奏和語調的指引。

但是我朗讀英文的時候，眼睛和嘴巴的速度差不多。如果出現不懂的單字，視線會固定在同個地方，把字母或音節分成幾個單位，盡量發出我預想中的發音。用女兒的聲音念出爸爸的台詞後，這才發現那是爸爸的台詞時，真的很尷尬。韓國作家李御寧教授曾在某個採訪中說：「不曉得意思的話，念出來的聲音不一樣。」我真是感同身受。

這樣的過程維持了一年多後，現在我進步了一點點，可以用雙眼掃視前後的句子了。眼睛能看到要在哪裡斷句的句子結構、朗讀的時候要強調哪個部分，感覺朗讀的節奏一點一滴地變好了。

國一第一次學英文遇到的那位英文老師，我至今還記得很清楚。大量的單字和俚語背誦功課、隨堂測驗，還有可怕的體罰。經歷那無聊又可怕的時光後，我超級討厭害怕英文。因為當時的默記方法，我現在看到「friend」這個單字，腦海裡就會響起「F—R—I—E—N—D」的聲音。

詞彙能力是很重要的基礎。知道多少單字，便能看懂、聽懂、寫出來多少單字。但單字不是硬塞到腦袋裡就能學會的，尤其是上了年紀之後……以下是我做了各種嘗試，整理出來的有助於學英文的方法。

目標——每天兩個就好

如果在一小時的朗讀期間，在不懂的單字底下劃線的話，數量多到都可以出一本字典了。說來慚愧，我的英文底子不好，常常自嘲只靠一千個單字在美國生存。於是我下定決心，無論單字、俚語還是片語，「每天背兩個就好」。因為目標只設定了兩個，所以我燃起了鬥志，覺得值得一試。由於只需要精讀兩個單字，所以當天學到的英文很自然地留在了腦海裡。別看我每天只背兩個單字，一年就是五百多個，兩年就是一千多個。如果說我以前只靠一千個單字撐過來的話，那我可以說是在兩年內達到了高手的境界。你可能會覺得隨著時間過去，會忘掉相當多的單字，才懂兩千個單字哪能成為什麼英文高手，但是我光是這麼想，就能開心地選擇當天要背的單字了。

目標訂得低一點，成功機率才會高。這不是準備需要考高分的英文測驗，所以我建議各位把目標訂得簡單一點，像習慣一樣天天堅持執行。通常我會從當天有「感覺」的單字或表達之中，選出可以充分活用的英文。艱澀的單字先跳過，重要的是挑選並消化符合自己水準的單字。以下是範例。

— lukewarm：溫水，但也能用來表示冷淡的反應。想表達「消費者反應冷淡」的時候，好像可以派上用場。

— earworm：直譯是耳蟲，哈哈哈。意思是餘音繞樑或洗腦歌。

— throw shade：詆毀。打算在想使用高級的隱喻表達時使用看看，所以記錄了下來。

— saturation：彩度，看到把它當「飽和」的意思來用的句子時，覺得很開心。

— I feel marginalized（isolated 或 excluded 都是類似的意思，所以挑這一句出來想平均地使用）：覺得被輕視、被冷落的意思。margin（空白、邊緣）也是設計領域會用到的單字，看到這個說法感覺很親切。

近義詞和派生詞

把近義詞、派生詞或相關單字放在一起分析。這時消化並反覆咀嚼朗讀時出現的單字的話，有助於記在腦袋中。範例如下。

— officious：我知道 office 和 official，但還真的不知道 officious，意思是耀武揚威。知道意思後，不禁連連點頭。

— plummet、plunge：暴跌、猛跌。股市動盪時常見的單字。

— mutter（低聲嘀咕）、mumble（咕噥）、murmur（私語）：尤其常在小說中出現的單字。女兒跟我解釋了其中的差異。

— counterproductive：productive（有生產力的）、nonproductive（無生產力的）

是工作常用到的單字，但我現在才知道反效果叫做 counterproductive。有道理。

查詢由來或語源

看過不少英文書之後，令我好奇由來的單字自然映入了眼簾。知道由來的話，對記憶大有幫助。來看看以下的範例吧。

— bear market、bull market：熊市和牛市，描述股市的詞彙。熊市代表股市的下跌，由來是熊打架時往下抓的姿勢。牛市代表股市上漲，由來是牛角往上頂的模樣，所以證券金融街上常常擺著牛的銅像（請搜尋圖片看看）。

— fiddlesticks!：太扯了！胡說八道！以前的人用 fiddle 來稱呼小提琴，所以 fiddlesticks 是指演奏小提琴的弓。沒有琴只有弓的話，這不是很離譜的情況嗎！

— The proof is in the pudding：意思是在吃布丁之前，不曉得是什麼味道。用途廣泛，可以表示預測的事情跟實際發生的截然不同。學到這個句子的隔天，在會議上談到測試的時候，就有人說了「The proof is in the pudding」，我覺得倍感親切。

— hue and cry：hue 也是設計領域常出現的單字，除了色調之外，也有吶喊的意思。而 cry 除了哭泣，也有叫喊的意思。所以 hue and cry 的意思是大喊。聽說以前的英國人看到竊盜事件，沒有大喊幫忙抓小偷的話，會被處罰。「I raised a hue and cry.」（我竭力大叫了。）

搜尋圖片

查詢英文單字的時候，我會先找找看韓英字典，如果覺得哪裡不對勁的話，會用谷歌搜尋引擎確認英文字典的定義。如果是名詞或形容詞就點圖片分頁，如果是動詞就點新聞分頁來看。

請搜尋下列單字的圖片看看，圖片傳達的意思會比文字定義更明確。而且透過圖片記住單字，對我這種會圖像記憶法的人來說很有幫助。

— bull market：牛市
— pew：木頭長椅
— noose：套索
— hut：小屋
— fizzled out：不了了之

— nibble：一點一點地吃

— cot：嬰兒床、行軍床

搜尋新聞

在谷歌搜尋引擎搜尋單字後，如果想知道要怎麼使用某個單字，或最近常被使用的表達，那最好的方法是點開新聞分頁來看。這對了解該單字會在怎樣的脈絡之下被使用很有幫助。來看看以下的例子吧。

— shun：逃避

Australian states says work from home is over, but employees still shun office.

（澳洲政府宣布終止居家辦公，但是員工們逃避回到辦公室上班。）

Shoppers who shun credit cards will still borrow $20 for candy.

（迴避使用信用卡的消費者仍會借二十美元來買糖果。）

— reckon with：處理、處置

How COVID19 forced social media to reckon with misinformation?

（新冠肺炎是如何強制社群媒體處理假新聞的？）

閒聊與故事

我所屬的讀書會過程分成五十分鐘的朗讀和十分鐘的分享（單字、表達、解析）。大部分的分享都會變成閒聊，三姑六婆的閒聊，哈哈。但是這種閒聊對背單字挺有幫助的。

—dunce：傻瓜。dunce hat 是以前讓功課不好的學生戴的高帽（請搜尋圖片）。看來是類似於小時候愛玩、功課不好的學生走到教室後面，被處罰高舉雙手的文化。大家聊了一陣子，說怎麼可以這樣處罰學生。總覺得這個單字我會記一輩子。

—cope with：應付。有一位在醫院工作的成員，說這是應付緊急情況時常用的單字，敘述情況和例子解說給我們聽，所以這個單字留在我的腦海裡了。

—lucrative：獲利多的。會計師成員說這是自己姐姐常說的話，並解釋意思給我們聽，罵了自以為了不起的姐姐好一會，哈哈。

—partisan：支持者、信徒。哇……這是游擊隊的意思。沒想到英文也有 partisan 這個單字，partisan 源自法文，意思是不屬於正規軍隊的戰鬥員。

靈活運用

我會暗中找機會在公司使用新學到的單字或表達。譬如說，surreal（超現實的）跟新冠疫情非常吻合，所以我常常用到。如此一來，就會聽到平常錯過的內容，每當這個瞬間我就會感到滿足。例如以下的情況。

— take it with a grain of salt：（對太誇張的事）保持懷疑態度。直譯的話，意思是「撒點鹽來吃」。由來是太乾難以吞嚥的食物，撒點鹽再吃的話，比較好入口。

— fungible：可取代的。

— you've got chops（chops = skill／performance）：有才能，手藝好。chop有嘴巴、排骨、切碎等許多意思，而這個表達的由來是「熟練的小號演奏家的嘴巴」。

— hypocrite：偽君子。

— whack a mole：打地鼠遊戲。直譯的話是「重擊地鼠吧」。

It' s like whack a mole. As soon as you fix one, another appears.

（這就像打地鼠遊戲。修好一個，另一個又壞了。）

—leaders control the weather：直譯的話是「領導者控制天氣」。意思是領導者會影響團隊或公司的整體氣氛。

練習發音

如果是太難發音的單字，我會利用谷歌的發音矯正功能來反覆練習。用谷歌搜尋單字的話，會出現人嘴圖示和「發音練習」(learn to pronounce）按鈕。點擊之後，就會跳出發音練習功能。點擊「練習（Practice）」按鈕，輸入發音的話，它會指出錯誤的部分。

每次提到英文，文章就會變長，因為我經歷了很多的試錯。

令我愛恨交織的她——English，哈哈！

☆☆☆☆☆

娘家媽媽來美國幫我做月子了。有一次，我帶媽媽去「JOANN」布料行買東西。我們需要的是可以補衣服破損的地方的碎布，聽說那裡有很多不需要縫製，可以熨燙貼上去的漂亮碎布，所以才去了那裡。但是到了現場之後很尷尬，因為我不知道要買的東西叫什麼，也不知道要怎麼解釋。

徘徊好一會之後，沒有耐心的媽媽要我問店員。我說不知道要怎麼問，媽媽便鬱悶地大喊「Excuse me.」（啊！我媽在英文面前好勇敢啊。）

「Excuse me.」

媽媽說英文的時候會有鼻音。

她的手指指向褲子並用韓文說「內褲」，雙手畫圓並發出「砰砰」聲，接著雙手比X說「修補」，然後一臉滿意地等待店員的回答。感到丟臉和收拾殘局的人是我啊，媽……

一波三折，買到東西之後，我們匆匆逃出那間店。我跟媽媽說褲子的英文是「pants」，媽媽便這麼回我：

「哎唷，好混亂啊，那 pants 和 panties 都是褲子嗎？」

媽媽那天背了新單字。媽媽跟我的亂七八糟英文學習系列文章出成書的話，或許會大賣？哈哈哈。

英文的關鍵是內容和自信

自從初次遇到她（英文）的那天起，我討厭了她十年，所以我無法輕易對付她也是理所當然的事吧。但畢竟我們也一起度過二十二年了，現在我也會察言觀色，配合她的心情。就算偶爾令我痛苦，我也能撐住。

我現在要來分享我鬧過的英文笑話。跟她之間的悲傷回憶，現在我也能笑著說出來了，這該有多棒啊！

插曲一

考上美國的研究所之後，為了處理文件，我得去一趟留學生管理部門（國際事務處）。當我在陌生又廣闊的大學校園裡迷路時，我決定走進眼前所見的大樓，鼓起勇氣問路。

「Where is international office？」

被問的人回答我「2nd floor」。找對地方的我放心下來，高興地問：

「This gummul？[4]」（是這棟建築嗎？）

而且我還特別強調了L的發音。等我說出口了才發現事情不妙，但我已經脫口而出了。沒想到那個人卻聽懂我的意思並回答：

「Yes！」

我常常說英文說到一半蹦出韓文來。

插曲二

在研究所小組作業構思會議上，腦力激盪的時候，我提議試試看走迷宮的概念，但是美國同學都聽不懂。我以為問題出在我那不標準的「R」發音，所以我盡可能捲舌又說了一次，但他們還是聽不懂，所以我拼了出來。

「You don't know m-i-r-o？」

我瞬間以為韓文的「迷宮（miro）」就是英文。韓文常常在我的腦袋變身成英文。順便一提，迷路的英文是「maze」。

插曲三

我第一次在聖地牙哥買了獨棟住宅。搬家之前，我張羅著翻修等大大小小的事。

4 韓文「건물」（建築）的發音。

韓國的房子通常採用地暖系統，但在美國是使用冷暖空調，所以清理通風管（duct）很重要。當時我在高通上班，公司有提供用電子郵件交流的內部社群，所以我加入跟「房屋翻修」有關的電子郵件社群，獲取需要的資訊。有一天，我在群組電子郵件中問了這個問題。

「When should I clean a duck? Should I clean it before moving in or can I do it after moving in?」（什麼時候清鴨子比較好？應該搬進去之前清，還是搬入之後再清也可以？）

結果某位親切的員工很快回信給我，而且還是回覆給所有人。

「Well, a duck is something you clean before your cook or after you shoot.」（嗯，鴨子通常在烹飪或射擊後清洗。）

我把 duct（通風管）寫成 duck（鴨子）了。該死，那封信的收件者足足有三百人啊……

插曲四

在高通的時候，我寫了電子郵件給要好的同事，說我預計回韓國一趟，所以會有一段時間見不到面。我在結尾是這麼寫的：

「I'll bring yummy Korean snake for you!」（我會帶美味的韓國蛇回來給你的！）

歐買尬！我把 snack（零食）寫成 snake（蛇）了。為什麼我總是在信寄出去之後才發現我的失誤？我的天啊，美味的韓國蛇……不知道為什麼真的會有這種東西存在。雖然那個朋友跟我後來時不時會提起這件逸事，但我真的很常犯這種荒謬的錯。

人們往往認為只要英文流利，便能萬事順利。有些人會覺得「自己的問題出在英文能力」，而我有很長一段日子也是那麼認為的。然而，我們應該要檢視比英文能力更根本的東西。第一，自己是否具備獨一無二的內容或故事。第二，英文是否令自己自信心受挫，感到羞愧，遮蔽了自己擁有的東西。

如果你已經具備獨一無二的內容了，那現在需要的是自信心。簡報是就算母語是英文的人也會覺得很難做好的事，就像要用韓文做簡報也很難。

我向剛進來的總監做了一個小時的簡報，介紹組員，並說明隔年的目標和戰略。做完簡報之後，我請幾位當天有出席的人給我回饋，結果他們給了我以下的回饋。

> 提到研發初期的困難之處時，最好不要用讓人感覺妳在抱怨的說話方式。妳分析了市場競爭率，讓我們看到清楚的產品研發計畫藍圖，關於合作部門的簡潔概括也做得很好。其中讓我印象最深刻的一段是，妳強調要製作出色的產品，銷售才會上升的部分。在各組簡報中，妳的簡報做得最好。

有時候也不一定要投入很多精力或準備得滴水不漏。我個人最近記憶最深刻的簡報是花十分鐘做準備，花五分鐘完成的簡報。為了介紹我們團隊研發的產品願景而製作的影片大獲成功，甚至傳到了其他組織那，所以很多人跑來問我製作影片的幕後故事。我的簡報開頭是這樣子的：

「Long long time ago, there was Evan.」（很久很久以前，有個叫做伊凡的人。）

開頭是令人出乎意料的口述童話概念，所以人人聽了捧腹大笑。通常在這裡就勝負已定，因為人們記得的不是故事本身，而是「覺得有趣」的情緒。這是我做過的性價比最高的簡報。

愈學英文愈覺得厲害的韓文的力量

我在三星電子工作的時候，有一次為了在智慧手錶中加入智慧回覆（Smart Reply）功能而開會。雖然在英文這方面，有各式各樣的解決方案可以套用，但是韓文的智慧回覆並不好設計，韓文的微妙語境導致大部分的智慧回覆都無法使用。

首先，韓文的敬語和非敬語是最大的問題。如果可以統一頂嘴時的敬語和非敬語，那該有多好？然而，韓文語法會根據年齡和關係發生變化。假設對方傳的訊息是「今天要一起吃晚餐嗎？」而智慧回覆顯示的是「嗯，好」或「今天不行」。如果就這樣按下回覆，發送出去的話，有可能會發生無法挽回的局面。有一天，正在加班準備新產品上市的副理回覆副總裁訊息的時候，不小心按到非敬語的「嗯，好」之後，嚇了一跳，趕緊跑到副總裁辦公室。

如果把所有的智慧回覆都統一成敬語的話，會不會比較安全？答案是，那也不是解決之道。如果媳婦傳訊息問「今天晚餐吃這個好嗎？」然後從婆婆那收到表示尊敬的「好的」，媳婦應該會煩惱很久，心想「我做錯什麼了嗎？婆婆生氣了嗎？上次發生什麼事了嗎？」跟關係脈絡不匹配的敬語有可能引起一連串的煩惱。再加上韓文中的敬語又不全然一樣，有些對象必須使用「極尊稱」來對話，對小孩子使用的敬語也不一樣。

另一個困難之處是韓文表達中蘊含的意思。「是的、是、好、好的好的、好喔」各自可以使用的情境都不同。智慧回覆的推薦回覆中包含「科科科」，但最近還有誰會這樣說呢？從應該要換成「ㄎㄎㄎ」或「ㄎ」，再到最多人使用的「ㄎㄎ」等等……組員們在會議上各執一詞（世宗大王[5]，真是謝謝了，ㄎ）。

5 招集大臣創建韓文的朝鮮君主。

我在研發谷歌人工智慧秘書「Google 助理」的團隊中工作時，負責研發人工智慧語音服務。語音對話設計和文字對話設計是不同次元的世界。意思會隨著聲音（擁有聲音的角色）、語氣、語調和表達改變，甚至是無聲也另有含義。跟文字不同的是，如果沒有即時對話下去的話，互動就會中斷，所以如果使用者提出簡短的簡答型問題（「今天天氣怎麼樣？」），或是人工智慧秘書反過來提問的話（「要為您設定幾點的鬧鐘？」），必須在她閉上嘴之前趕快回答。即時語音對話是很受情緒影響的行為，所以系統故障的話，使用者很快就會感到不耐煩。

再者，語音對話中滲透了許多我們沒有意識到的習慣和文化。為了跟人工智慧秘書對話，必須先叫名字把她喚醒，例如「Alexa」、「Siri」、「Hey Google」、「Genie[6]」、「Hi Bixby」、「Hey Kakao[7]」。根據使用者調查報告，使用者就算是不用呼喚名字，手動喚醒的時候（點擊實體按鈕來喚醒），也會先喊名字再開始對話，因為使用者覺得那樣更有禮貌。因此，考慮到各國語言與文化的在地化，已經不是單純的翻譯作業，而是需要請更專精的專家才可行的大規模作業。若沒有仔細打磨就草率應用的話，聽起來會很不自然又失禮。

很高興看到韓國《每日經濟新聞》為了紀念韓文節，刊登谷歌的崔賢靜語言學博士的採訪。

根據上下文產生細微差別的韓文

「在英文語境當中，如果說到『你的衣服真美』（That's beautiful）的話，後面會馬上接『謝謝（Thank you）』，但在韓文語境當中卻不是如此。如果有人說『這件衣服好美』，就會跑出『嗯，這是便宜貨啦』如此稀奇的話。受到社會文化的影響，韓文複雜地發展，因此是機器在理解人類語言時，貢獻良多的語言。」

說韓文時語調非常重要（譬如說，句尾上揚的「好」跟句尾下降的「好」的意思截然不同），書面語和口語完全不一樣，容易省略主詞，也有很多謙讓的表達。「언택트」（Untact，非接觸）、「인싸」（Inssa，人氣王）、「아싸」（Assa，邊緣人）等混合外文的新造詞也被大量創造出來。崔博士表示「韓文中仍有很多部分是科學無法觸及的」，「韓文是極具獨創性的語言」，所以韓文是外國人和機器都很難學會的語言。她又說「雖然中文對人類來說很難學習，但是對機器來說背誦《千字文》不算什麼，所以易於機器學習」，「有機器好學的和難學的語言，而韓文屬於後者」。因此，「如果某項功能在韓文中可行的話，那其他語言也可以」的情況非常多。

6 韓國電信公司 KT 推出的人工智慧語音服務。
7 韓國通訊服務軟體 Kakao 推出的人工智慧語音服務。

由於英文不是我的母語，所以我常常要轉換兩次，先用韓文思考，再轉換成英文說出來。每當這種時候我就會碰到難關，表達不出我想表達的感受，非常不痛快和鬱悶……酥脆跟鬆脆不一樣，但我沒辦法用英文表達出來。我想說「感覺不太對勁」，而「Something feels not right」不足以表達我的想法。此「不對勁」非彼「不對勁」。生病看醫生的話，醫生問我哪裡不舒服，我壓根不知道要說什麼，因此感到驚慌失措。

「肚子是怎麼個疼法？」

「這裡突然痛痛的，有種灼熱感，像腸子絞在一起。」

雖然是因為腹痛而去看醫生，但是這下連頭都跟著一起痛了。（韓國醫生是怎麼聽懂我在說什麼的，好神奇……）

女兒是先在韓國上小學，後來才到美國念國中。有一次，美國學校的諮商室打電話給我，說我女兒有自殺的風險，請我去面談。聽完事情的來龍去脈之後，我想是因為女兒說英文的時候，把「快死了」掛在嘴邊，所以校方產生了誤會。「快餓死了」、「快睏死了」、「快無聊死了」、「快煩死了」等等，女兒說英文的時候仍沒有改掉韓文的表達習慣，所以校方誤會也是情有可原。我跟諮商師說孩子剛從韓國過來沒多久，兩種語言混著一起用，所以才發生了這樣的插曲，並且解釋了韓文的表達特性好一陣子後，事情才平息下來。

在朋友之中英文最好的母親很喜歡學英文。每次多學一個單字，就喜歡跟朋友們炫耀。我媽有一套特有的英文背誦方法。譬如說「grandmother」的發音跟韓文的「구린내（臭味 gurinnae）」有點像，所以她用「發出臭味的媽媽」來背 grandmother（祖母）這個單字。來我們美國的家時，我媽常常問我們跟英文有關的表達。有一次，她問英文的「很高興見到你」要怎麼說，我說講「Nice to meet you」就可以了。留意聆聽發音的媽媽好像聽成了「Nice mi-chyeo[8]」，所以很喜歡這句新學到的句子。後來媽媽去晨間運動回來，用她記憶中的發音跟我說了一句英文（應該是她運動時跟別人搭話了）。「我說了『Nice mi-chyeo』，哎唷，結果那個人也跟我說『Nice mi-chyeo, too』。哎呀，看來我在美國也能生存下去了。」（I love you, mom.）

英文不是編碼或技術語言。語言是歷史、文化和社會的縮影，這種社會或文化要素不是靠單純的背誦或短期的努力就可以消化吸收的。也就是說，這不是上三個月的速成班或背一千個單字就可以學起來的。所以對身為外國人的我來說，沒辦法（像母語人士那樣）把英文說得很好是很正常的事。但是我會說高級韓文，也會說英文。換句話說，這代表我同時接觸並理解雙方的文化和社會。

[8] meet you 的發音類似韓文的發瘋了（미쳐）。

我們應該牢記在心的是，接觸多種語言所獲得的融會貫通能力。我們常常感到不安，唉聲嘆氣說英文能力不夠好，但是我們跟在只使用一種語言的環境中成長，只會說一種語言的人不一樣。會多一點語言並使用它的人，擁有融會貫通的優點。在美國有很多在美國長大只會英文的人，我常常感覺到他們的國際觀狹小且有限。

我們處於全球化的時代，尤其是新冠病毒促進數位時代轉換，將全世界綑綁成一個市場。蘋果、谷歌和臉書在美國以外的市場收益超過半數。而韓國製造的「K商品」以全球市場為目標，創造收益。現在具備多元文化、多種語言和豐富經驗的人與內容，比局限於單一文化圈的人事物更有競爭力。我們韓國人過去有一段時間處於「自覺遲緩」的狀態，沒有意識到自己擁有多少東西、有多厲害、能做到什麼。個體也是如此，我們必須意識到自己內在不知不覺產生的超強融合能力，以及這是多麼驚人且具競爭力的商品。我們擁有的東西並非毫無亮點，而是稀罕之物。

我們的大腦透過我們自己的新視角和理解能力，天天完成「文化融合作業」。多多稱讚自己吧，「Nice mi-chyeo」！

☆☆☆☆☆

如果有人傳訊息問「你現在在哪？」的話，人工智慧助理會推薦使用者回覆目前的位置。看到這個功能的研發主管訝異地問：

「這種時候，不是應該推薦使用者回答『幹嘛？』嗎？」

CHAPTER 6

五年後的我在做什麼？

為了過想要的人生，從現在起該做的事

準備期間愈久，付出的努力愈多，
失敗時受到的傷害和失望就愈大。

所以盡可能輕鬆地付出準備的時間和努力，
逐一完成小事情的話，那些事情會像複利一樣累積，
建立起堅強的實力和增加內功的深度。

不是準備好才申請，而是要申請並做準備。

一張改變人生的圖表——「Me事實表」

美國最大間的保險公司「州立農業總公司」，位於芝加哥西南方兩百公里左右的伊利諾州的小城市布盧明頓。開車要兩個小時以上，我不可能通勤上下班，所以我們夫妻倆變成了週末夫妻。幸好公司為我準備了房子，所以我平日上班住在布盧明頓，週末則在芝加哥度過。

布盧明頓給人的感覺跟典型的美國中部小城市一樣。該說是天天都讓我意識到自己是異鄉人的地方嗎？這個時期的我碰到了種種難關。當週末夫妻很辛苦，要適應在美國的第一份工作也很辛苦，最困難的是保險這個領域。如果想設計保險系統，首先得對保險這個主題感興趣，得通曉各種保險術語（當時我第一次知道保單的英文是「policy」，所以「policyholder」是要保人的意思），了解相關從業人員（管理保險規劃師和多名規劃師的經理等）之間的關係和營運方式，但是這一切對我來說都好陌生，充滿我不懂的東西。學習速度緩慢，貢獻度又低，所以我收到的業務滿意度很低，而我也沒有繼續成長的動力。過了兩年後，我想清楚了。

「這裡不是我該待的地方，離職吧。」

為了確定跳槽方向，我製作了「Me事實表」。

Me事實表

事實	優點	缺點	策略
我是韓國人	具備韓國（亞洲）市場的視角、觀點、經驗。	缺乏美國市場經驗。	尋找以全球市場為目標的工作，如果是韓國領先的領域更好。
我是互動設計師	雖然是互動設計師，但也有視覺設計、編碼和研究經驗。	做互動設計需要不斷的說服與爭論，所以溝通能力很重要，但我的英文顯然是缺點。	美國互動設計圈的人大部分都是主修過認知心理學、人體工學、人機互動（HCI: Human Computer Interaction）的理工生。必須尋找可以突顯我在各領域都有設計經驗的工作。
我是IIT設計研究所畢業生	知名設計研究所畢業生人脈的力量。	無。	加以利用IIT畢業生的人脈。
我是早期採用者	喜歡學習新技術和工具。	可能不符合美國消費者的眼光。	找找看製作引領新技術之產品的公司。
我是有邏輯的	擅長且喜歡建立以邏輯為基礎的系統和框架。	審美觀（aesthetic）不是我的競爭力。	需要解決複雜問題（系統、新技術等）的工作很適合。
其他	喜歡的領域 ・我是目標客群的產品 ・因為是新領域，所以沒有正確答案的產品 ・觀察人的工作 ・手摸得到的，有實體的產品	不感興趣或較難的領域 ・交通工具（汽車、飛機等） ・經濟相關（保險、銀行等） ・服務（要很了解文化和社會） ・目標是兒童或老年階層（間接體驗的理解有限）	

製作出來後，要走的路就變明確了。去摩托羅拉吧。它是以全球市場為目標的企業、韓國在手機市場中占有一席之地、各國電訊公司的複雜要求、受限於小螢幕的視覺效果等等，還有比摩托羅拉更適合我去的地方嗎？既然確定好要去的公司了，那現在找到進入的方法就可以了。

履歷表上增添的顧問頭銜和州立農業客戶名稱，給予了分量感。還有，要怎麼宣傳自己的策略也變得清晰了。摩托羅拉的總公司在芝加哥，所以內部有很多伊利諾理工大學畢業生。能幫我牽線推薦的人多得是。剛好時機也很好，當時摩托羅拉為了籌備野心之作 Razr 手機，正在擴大招募人才。我就這樣在二〇〇四年四月跳槽到摩托羅拉。

摩托羅拉的工作跟我挺合得來的。不僅是我，摩托羅拉設計組裡的韓國員工都獲得了認可，被稱讚很會做事。當時沒有像谷歌安卓或蘋果 iOS 這種高完成度的平台，製造公司必須配合各電訊公司的要求來交貨，因此各國、各電訊公司、各機種的規格十分複雜多樣。韓國人基本上都受到了良好的默記訓練，做事快速俐落，大致上都很老實，而且會小心翼翼地檢查以免失誤。為什麼？因為我們從小就學到一個教訓，失誤的話會挨罵。

我背下了大部分電訊公司的設計規格和機種。其他設計師收到要求事項之後，得一一找出設計規格，查清楚是怎麼一回事，所以需要花長時間解決問題，但是所有的規格我都記在腦海中了，所以我做事比誰都還要快且準確。美國經理覺得那樣子的我很神奇。

有一天，某個經理離職，因此出現了空缺。於是我去找部門主管，請他把那個位置交給我。我解釋了自己為什麼是這個職位的合適者，他為什麼要讓我坐上這個位置，以及坐上這個位置的人應該負責什麼（哇，我當時真的很緊張，雖然我事先寫下台詞來練習，背得滾瓜爛熟，但心臟還是怦怦狂跳）。部門主管說會考慮看看，並在幾天後宣布我是新任經理。那是我第一次在美國當上經理。

當上經理後，我好像明白「會哭的孩子有糖吃」是什麼意思了。我的經理不會讀心術，如果想要從公司或上司那獲得什麼的話，就要說出來。我後來在韓國公司工作，發現男員工的資歷足以升遷時，就會去找經理自薦，詢問公司有什麼要求。但是在同個期間裡，去找經理說要升遷的女員工一個也沒有。

跟經理面談，要求升遷，不是在搞小動作。這跟你對自己的職涯有多認真和迫切有關。想成功的話，重要的是被分配到可以取得成功的任務。經理不能替自己工作，卻可以分派能取得成功的任務給自己。重點是因為不能升遷而感到遺憾的人會是自己，而不是經理。所以不要憋在心裡，照顧好自己的飯碗吧，因為自己的飯碗很珍貴啊。

比理財更重要的職涯管理原則

如果你因為工作未能取得成果而士氣低落、持續的失敗令你沒有動力工作，或是不到想辭職但需要挑戰新事物的話，我想建議你做做看別的事。利用自己的點子取得專利、在大學辦專題講座、在學會做報告等等，做其他事可以填補缺洞的空虛心靈，因為我們需要的是存在感。

二〇〇四年上市的摩托羅拉 Razr 手機取得了空前絕後的佳績。原本掉了百分之十的摩托羅拉市場占有率，憑藉 Razr 手機的成功提升到百分之二十二。此後，摩托羅拉後續推出各式各樣的衍生機種。類似的機種上市，只有顏色和材質改變，設計形態跟 Razr 差不多。產品熱賣，合作的電訊公司大幅增長，訂單爆量我們也因此製作了更多版本的軟體。如此一來，比起設計新東西，設計師的工作側重於配合客戶的要求並供貨。由於既有的軟體十分複雜，所以改善作業的難度也漸漸變高。不為未來做籌劃，跟蜉蝣一樣生存著的公司必然會走下坡。

這時，我先生的博士學位論文終於通過了。位於聖地牙哥的大學研究所邀請先生去做博士後研究，而我好像也該離開摩托羅拉了。那天晚上，我立刻上網搜尋徵才公告。映入我眼簾的是，總公司位於聖地牙哥的高通設計師徵才公告。

「好，就是這個。」

我總共換過十份工作，其中有兩次是無意間看到徵才廣告就去應徵，然後成功被錄取。一次是我初次踏入的職場數位朝鮮日報，另一次正是此時的高通。

高通承諾會支援我搬家，我便在二〇〇七年結束長達九年的芝加哥生活，搬到了聖地牙哥。之後傳來的摩托羅拉消息十分淒涼，該公司於二〇〇八年解雇三千人，二〇〇九年解雇四千人。從某個角度來說，我算是在沉船之前就逃出來了，每次聽到壞消息我都會感到既抱歉又遺憾。

產業主軸從電腦轉移到行動裝置，這對高通的專利權利金也是如虎添翼。三星電子、華為、蘋果、聯發科技等行動通訊半導體製造商，如果沒有高通的專利，就無法製作晶片。專利是壟斷的，而專利權利金就像下黃金蛋的鵝，什麼都不用做就會不斷生財。我在高通工作的時候，也有申請過幾項專利。只要有構想，公司的專利支援組就會在申請過程中提供各種協助。我覺得這是很好的投資，可以減輕個人負擔，又能確保公司的智慧財產權（IP: Intellectual Property）。專利申請過程繁瑣複雜，所以沒有公司的專利獎勵制度和支援的話，我也不會這麼做。

如果從「工作與生活平衡（Work-Life Balance）」來看的話，高通可說是天堂。不曉得現在是怎樣，但我還在那裡工作的時候，大部分的員工都是在有門的個人辦公室工作的。設計組的主要職責是預測未來的情境研究、概念開發、體現需要高性能晶片的功能的原型、新機會領域的發掘等等。換言之，跟設計研究所在做的事差不多。所以很多東西都沒有設定期限（上市日），對於品質的壓力也沒那麼大。就算我沒有特別賣力工作，我在不知不覺間也是組員中最認真工作的那一個。通常到了下午四點，大家就會陸續開始下班。偶爾為了完成工作而待到六點的話，晚下班的同事就會投以擔心的眼神，跟我說「Go home, don't kill yourself!（快回家，不要把自己累垮了！）」。

當然了，不是所有高通員工的職場生活都過得這麼好。在聖地牙哥交到的新朋友抱怨說，她老公常常加班，所以乾脆在公司放了睡袋。我也不敢問那到底是哪間公司，只是在心裡想「在黑心公司上班很辛苦吧」。後來才知道她先生是高通的工程師，工作內容跟我截然不同。

我在高通累積的兩個至關重要的經驗，影響了我決定職涯的方向。一個是跟平台和生態系統有關的經驗，另一個是擴增實境的設計經驗。

高通製作並營運行動應用程式開發平台BREW（Binary Runtime Environment for Wireless），用於智慧型手機之前的傳統功能型手機。我負責設計利用BREW製作的行動應用程式生態系整體所需要的系統。該系統讓應用程式商店的應用程式開發員，可以在開發員入口網站上架應用程式、制定價格、規劃宣傳、查看應用程式統計資料等。應用程式商店商品目錄管理系統（Catalog Management System）使電信公司可以上傳特定應用程式的宣傳，管理營運商品目錄的構成。這是很好的學習經驗，我學到了行動內容在生態系中會經過怎樣的參與者，傳遞給使用者，以及參與者在此過程中扮演的角色和互利共生的方法。

由於全球已經跨入智慧型手機的時代，我傾注滿腔熱情，花了兩年的這個專案，最終黯然失色地被取消了。但是專案的成敗沒那麼重要。雖然有點遺憾這兩年來的努力成果未能問世就消失無影，無法展現給任何人看，但是這兩年我體驗到了一種「場域（平台和生態系統）」，那份經驗後來成為了我的閱歷和個人品牌發展的關鍵跳板。凡事福禍相伴，差異在於自己看到什麼、接受了什麼。

專案取消後，我立刻加入了Vuforia小組。Vuforia是高通製作的擴增實境解決方案套件。該服務提供軟體開發工具（SDK）給製作擴增實境行動應用程式的開發者，透過開發者網站提供擴增實境應用程式設計規範、開發方法，以及雲端解決方案。我負責進行Vuforia的整體設計。此時，我開始思考螢幕以外的使用者體驗。

先前我大部分的設計主題都是螢幕。主要工作是設計出使用者可以輕鬆使用的螢幕顯示之資訊排版、操作按鈕、選單名稱、互動結構等等。然而，擴增實境就像字面上所說的，是一種利用電腦視覺技術，在現實中擴增數位虛擬資訊並顯示出來的技術，所以人、機器、使用環境或目標之間的相互關係便成了設計的關鍵。這個我初次體驗到的新領域非常有趣。透過各種實驗、研究和調查所累積的訣竅，我製作並分享設計規範，還創作了製作參考用的應用程式。

為生態系統參與者提供創作場域，我們再利用他們參與製作的成果，進行學習和發展，這樣的綜效力量十分大。「一起學習、享樂、創造（Learn, Play, Build Together）」的精神延伸成充滿活力的潮流。我很喜歡這種大家都是夥伴，互相分享失敗經驗，共享訣竅的新興場域，沒有特定規則、沒有前人腳印的處女地。金礦本來就常在人跡罕至的地方出現。這種新領域的優點是失敗便是資產。而且微小的發現或成功，對他人來說是宛如明燈的指標，因此相對容易在該領域立足。

我規劃了研討會的發表。學界和業界相遇的研討會是擴大公司之外的人際關係的好機會。參加研討會的話，可以在公司的支援之下，去一趟不是旅行的旅行。而且對業界實務工作者來說，做簡報也是一種挑戰機會。在研討會有各種機會可以嘗試，例如提出論文、演講、授課、參加工作坊、發表案例、小組討論等，所以只要盯準適合自己的機會就可以了。我想分享從實戰中學到的訣竅，所以主要參與案例發表和小組討論。美國的研討會通常在舉行前五到七個月開放申請參加，申請時只要提出簡略的概要即可，所以也不太需要做準備。只要拿同樣的內容申請多個研討會，靜候消息就可以了。申請成功的話很好，但沒申請上也沒關係。（如同前面提過的「丟球」，申請發表研討會發表是為了隔年而提前丟的球，是對將來懶惰的自己事先設下的陷阱。）

我被選為二〇一三年六月於舊金山舉行的「擴增實境 EXPO 研討會」的案例發表者。真的被選上之後，雖然很想大喊「我的天啊」，但是過去的經驗告訴我那一刻也會熬過去的。準備時間很充足。我構思了內容後，覺得也很適合申請韓國舉辦的研討會。跟美國不一樣的是，韓國研討會是在活動快到時才接受申請。所以我申請了二〇一三年二月舉辦的人機互動國際研討會（HCI Korea），結果被選為案例發表人。通常被選為發表人的話，會更容易申請到公司的經費（機票和住宿等）補助。所以我才有辦法一箭雙鵰，既獲得公司的補助，又可以回到韓國。

很多人事情都還沒發生就先害怕或過度擔心。除非是需要累積學問研究實績的人，不然職場人士沒申請上研討會的發表有什麼損失呢？就算忽然被選為發表人，到時候再開始準備就可以了。就算搞砸了發表，也不會有人把自己的發表牢記在心。但是被選為研討會發表人的話，永遠都會是履歷上的漂亮經歷。身為發表人所遇見的人們跟一般參與者不一樣，將會有很多建立人脈的機會。而且大部分的公司都會提供經費補助，又有助於累積自己在公司內部的專業信賴度。所以說，發表的關鍵不在於品質。

做過發表這個行為本身就會讓自己提升一個階段。現在已經不是精誠所至，金石為開的時代了，精誠所至可以打開的只有黃泉路。所以別再取井華水，付諸行動吧。

韓國歌手金昌完一九七七年以「山谷回音（산울림）」搖滾團體出道，四十多年來多元發展，曾當過歌手、演員、ＤＪ和作家。被問到很多領域的人找他合作的秘訣是什麼時，他是這麼回答的：

「有一件事大家都不明白。我一直站在有人群的地方。不是人們來找我，而是我四處尋找人們。聽起來很像在開玩笑，但我說的是真的。哪有人會找我啊？是我自己站在了顯眼的地方。」

金昌完是韓國家喻戶曉的知名歌手，長期活動至今，但他仍然四處尋找人群。像他那樣的人都那麼勤奮了，乾等別人來找自己根本是想變成望夫石的意思。

理財的基本原則是分散投資和長期投資。如果你體驗過理財的複利奇蹟，那你應該知道靠一點一滴長期投資增加財富的喜悅。縱然安全地募集了投資的種子基金，如果長期存放於銀行再一次性投資的話，風險將會變大。而且失敗的時候，必然會大受打擊。對我們這種不是投資專家的普通人來說，分散投資，瞄準持續複利的長期投資，才是安全的理財技巧。

持續打理並累積經歷的「職涯管理」也是同樣的道理。準備期間愈久，付出的努力愈多，失敗時受到的傷害和失望就愈大。所以盡可能輕鬆地付出準備的時間和努力（在不保證會成功的事情上，投入過多的時間和努力是錯誤的投資），逐一完成小事情的話，那些事情會像複利一樣累積，建立起堅強的實力和增加內功的深度。就算自己長時間做準備，準備這件事本身對其他人來說也沒有任何的商品價值。管理職涯時，在「工作存摺」中添上一筆自己的實績，才會產生商品價值。「職涯管理」的首要法則——不是準備好才申請，而是要申請並做準備。別搞錯順序了。

我同時應徵谷歌和亞馬遜的理由

每年到了十二月，我便會整理該年的主要成果，更新履歷，向熟人發送問候訊息，並想像兩年後、五年後、十年後的樣子，檢視我該做的事。

時間來到二〇一七年底，我的想法也變多了。我已經過了四十五歲，好好堅持的話，應該可以再從事設計五年，但是我勾勒不出在那之後的規劃藍圖。我想當實務設計師到六十歲再退休，但是好像很難在韓國這麼做。我的孩子們升上國小的高年級後，學業愈加繁重，不補習的話，很難跟上學校的課業。在美國的話，這個年紀才剛要上國中（Grade 5～6）。我覺得現在是需要改變的時間點。

向美國友人問安的時候，順便提到我打算找機會回美國。某個在研究所時期認識的美國朋友，跟我一起在摩托羅拉和三星工作過，人正在谷歌上班。他一收到我的訊息，便把我轉介給谷歌的人事組。

「Hey Eunjoo, you should join Google!」（嘿，恩住，加入谷歌吧！）

沒過多久，我跟谷歌的人資約好要電話面試。我覺得比起面試，人資的目標更像是想促成這次的人才招募。也是，我在微軟、摩托羅拉、高通和三星等大型跨國公司累積了二十二年的實務經驗，憑藉三星電子的穿戴裝置產品獲得多項設計獎、被選為業界關鍵人物的「經過證明」的履歷、擴增實境和穿戴裝置領域的顛覆者（Disruptor：打破既有規則並成功的人）形象，令我具備了ＩＴ企業眼饞的經歷。而且我後來才知道，推薦我的朋友在推薦報告中寫了溢美之詞，說我是必須快點招攬的人才。

我跟人資說，如果有機會滿足三項條件的話，我會考慮看看換工作的事。若對自己擁有的東西有信心，便要優雅地先發制人。這也是一種銷售技巧。

第一，白紙，也就是我想要參與全新的領域。

第二，平台與生態系統。我想打造一個參與者可以一起創造玩樂的「場域」。

第三，硬體互動。我想要設計一般消費者在日常生活中會用的物理上的產品體驗。

我說自己過去做的事情都符合這三項條件，並解釋為什麼我想繼續做這件事。人資慎重地聽完之後，說公司內部的推薦人愈多，錄取機率愈高，所以問我在谷歌是否還有其他熟人。我聯絡了在谷歌上班的友人們，請他們為我作推薦。很感謝那些就算多年沒消息的我突然聯絡也高興回應的朋友們。

其中有一位朋友說幾年前換工作到亞馬遜了，如果我想回來美國的話，就來亞馬遜，他會把我轉介給人事組。求職的時候，如果同時被好幾間公司錄取的話，公司會彼此競爭搶你這個人才，從各方面來說對自己都會很有利，所以我總是建議大家盡可能同時應徵多間公司。我就那樣同時經歷了從未有過的谷歌和亞馬遜應徵過程。

因為公事的關係，平日我抽不出時間來，所以我利用週末的零碎時間，整理了作品集並發送給這兩間公司。幸好我在三星電子進行的專案產品全部都上市了，所以可以使用的公開資料很多，要做作品集並不難。

矽谷總公司的谷歌助理組（製造谷歌人工智慧產品的部門）聯絡我，說想跟我見一面，而亞馬遜西雅圖總公司的 Alexa 組（同樣製造人工智慧產品的亞馬遜部門）和正在加州庫比蒂諾進行機密專案（我至今仍不知道專案內容）的小組也說想見我。跟各公司的人資進行完電話面試後，沒過多久就安排了面對面面試的日程。我跟雙方告知了目前的情況（如果彼此是競爭公司的話，有助於自己掌握主導權，推動進度和過程）。為了面對面面試，谷歌補助我往返韓美的機票和住宿，亞馬遜則補助我在加州聖荷西和西雅圖這段的機票和住宿。

所有的日程安排在同一週之內。我星期六從韓國出發並抵達美國，禮拜日適應時差，星期一到位於山景城的谷歌面試（美國的面對面面試通常會花上一整天），星期二到位於庫比蒂諾的亞馬遜面試，星期三前往西雅圖，星期四跟西雅圖的亞馬遜面試後前往聖荷西，星期五再從聖荷西機場出發，星期六抵達韓國。雖然緊湊的行程很要人命，但是要請一個禮拜以上的假太難了。

美國的面對面面試通常會從長度一個小時左右的簡報開始。直到從仁川機場起飛之前，我都在加班，所以沒有時間準備簡報。我到了機場才開始分秒必爭地準備簡報資料。無論是在飛機上，還是抵達飯店後，我不斷修改資料，演練做簡報，預想問題和準備答案。

谷歌的簡報有五個人出席，做完簡報後進行了問答，接著再跟六個人進行一對一面試。這六人之中也有專案經理和工程師。他們對我進行過的專案提出疑問，或是即興出題給我。我有時會打開筆記型電腦出示資料，有時則是寫白板說明內容。

結束谷歌的面試，回到飯店後，我整個人筋疲力盡。但是我還得準備亞馬遜的面試。亞馬遜面試需要準備的東西跟谷歌不一樣，重點是我完全不知道庫比蒂諾小組在做什麼，所以很難抓到感覺。星期二見完亞馬遜的人，我還是不知道他們在進行什麼專案。給我留下的印象只有，那是非常重要的機密專案，而且他們的自豪感直衝天際。事實上，我會答應要跟亞馬遜庫比蒂諾小組見面，是因為面試地點就在谷歌旁邊，而且這有助於我換工作，不知道工作內容的團隊其實沒那麼吸引我。

位於西雅圖市區的亞馬遜總公司富有魅力，充滿活力。其實矽谷的風景看起來感覺跟美國中小城市差不多。跟聚集全球頂尖ＩＴ企業的尖端技術重鎮形象很不一樣，所以初次拜訪的人往往會大失所望。這裡一片空曠，沒有高樓大廈，也沒有密集的建築，令人訝異地懷疑這裡就是傳聞中的矽谷嗎？反之，位於西雅圖市區的亞馬遜總公司，因為快速成長而在當地新建大樓，同時又買入既有的建物，所以西雅圖給人一種這裡是「亞馬遜市」的感覺。

禮拜三抵達西雅圖後，我逛了亞馬遜經營的實驗性無人商店。裝在天花板上的數百顆鏡頭偵測著人們的一舉一動。我想在未來店員會減少，但是鏡頭技術研發人員和機械維修員應該會增加。在亞馬遜的辦公室，可以看到很多員工帶寵物狗上班，多到可以用「一片狗藉」來形容。這確實是朝氣蓬勃的城市會有的魅力。（某些谷歌員工喜歡這種城市氛圍，所以住在離辦公室所在的山景城六十公里之遠的舊金山，天天通勤。）

亞馬遜的十四條領導力準則非常有名。我搜尋亞馬遜面試心得的時候，發現不少人說有些問題出自於這些準則。雖然我基於這個情報做了準備，但是一下子要從記憶中找出符合各項領導力準則的例子，井然有序地說明並不是很容易。亞馬遜跟谷歌一樣，都是從一小時的簡報開始面試，接著跟五個人一對一面試。跟谷歌相比，我覺得亞馬遜的面試比較公事公辦和冷淡。

要人命的面試行程一結束，精神放鬆下來，我便開始飢腸轆轆。因為我很久沒有睡一頓好覺了，整個禮拜幾乎都沒辦法吃東西，只能狂喝咖啡。我來到西雅圖機場要去聖荷西搭回程飛機，距離起飛之前還有點時間，所以在機場餐廳用餐。這是我這一週以來第一次好好吃飯，但這反而種下了禍根。飛機剛起飛沒多久，我就開始冒冷汗，連帶出現頭暈和嘔吐症狀。我本來站在狹窄的機艙走道，排隊等著到廁所裡嘔吐，但是在那之後的事情我全都不記得了。因為我失去意識，昏了過去。不曉得過了多久才醒過來，發現自己臉上戴著氧氣呼吸器，空服人員正在旁邊努力手動打氣。幸好乘客之中有一名護理師，所以我清醒之後，他問了我許多問題並觀察我的狀態。雖然鬆了一口氣，但我當時感受到了「啊，原來人有可能會突然死掉」的恐懼。雖然隔天還是很怕搭乘前往韓國的長途飛機，但是為了趕回去星期一上班，也沒辦法。

面試回來之後，總是沒辦法專心工作。剛開始我還覺得「有沒有錄取都沒差」，但是我經歷了為期四個月的漫長面試過程，直到進行完最終面試，我產生了要跳槽的確信。谷歌的所有面試過程都是透過委員會機制進行的。谷歌委員會協調意見，作出決策的時間是出了名的久。對應徵者來說，面試過程令人筋疲力盡。這種時候，加快速度的最佳方法就是利用競爭公司。如果營造出不快點作決定，我就會去競爭公司的緊張感，那麼進行速度便會加快。最重要的是可以產生「別人想要的東西我也想要」的效果，那應徵者就可以掌握有利於談判的主導權。

距離我的跳槽計畫開始後過了五個月，二〇一八年五月，我終於確定要到谷歌工作了，職位是美國加州山景城谷歌助理UX首席設計師。雖然我再次投身於新領域，肯定會被捲入橫衝直撞的混亂漩渦之中，但這對我來說依舊是心動的挑戰。四十幾歲的我終於踏入矽谷的中心——谷歌。

一九九八年，二十七歲剛踏上美國土地的我還迷迷糊糊的，但是二〇一八年，四十七歲第二次赴美的我很勇敢。這是在結婚後，第一次由我自己作出選擇並推動的決定。二十幾歲的我只想成為對自己負責的大人，而四十幾歲的我是要對家人負責的大人了。

「想就業的話一定要考研究所嗎？」之我的唯一答覆

我常常被問到「念研究所對就業來說是必要的嗎？」我的回答是「NO」。現在是比任何時候都還看重個人能力的時代。靠學校文憑就有飯吃的時代已經過去了。雖然徵才條件包含「碩士學位持有者」的話，還是要考慮一下，但如果只是想在履歷上多增添一筆經歷的話，我認為這是盲目的投資。

基於以下的理由，就讀美國研究所的日子成為了我的職涯的養分。

第一，拓展人脈。在研究所累積的人脈有助於我發展職涯。應徵摩托羅拉和谷歌的時候，我獲得了在研究所認識的朋友的幫助。

第二，培養專業性。碩士的英文是「master」。如同字面上的意思，碩士課程是為了使自己精通某個東西。所以目標要明確，自己哪裡不夠好？想透過研究所課程加強什麼？以後要怎麼在職涯中運用？我想加強的東西有三個，商業專業性、對人類的理解（人體工學、認知心理學）和設計交流能力。最初我在韓國工作的那三年，碰到了一些令我不解的部分，所以我想找到答案。

第三，在美國社會扎根。拿學生簽證（F1）的在學期間，我可以在一到兩年有限的期限裡獲得就業許可。美國企業想雇用外國員工的話，必須面臨就業簽證（H1）的擔保風險，但我有學生簽，企業可以在不用擔保的情況下雇用我，所以風險降低許多。

我就讀的IIT設計研究所（Institute of Design）有系統地教育以人為本的設計。一九一九年藝術學校包浩斯成立，旨在融合藝術與技術，一九三三年學校遭到納粹解散，為了延續這份精神，拉茲洛·莫侯利－納吉（László Moholy-Nagy）一九三七年十月，在芝加哥設立了「新包浩斯」。在他辭世後，該學校於一九五二年被併入IIT。簡而言之，IIT設計研究所是傳承包浩斯設計哲學與精神，以歷史和傳統為豪的知名設計研究所。學校的目標在於深入研究設計，培育工業社會的設計領袖，所以沒有提供學士課程，只有碩博士課程。

正如那響亮的學校名聲，就算熬夜我也只能勉強跟上學業。如果想修完所有學分，一學期至少要修十二至十三個科目，基本的必修科目全是商業課程，令我頭暈目眩。商業個案研究和企劃方法論艱澀難懂，若是提出設計概念的話，就得回答要從哪裡拉來投資者的問題。有一位教授每堂課都會叫我們做簡報，總是拿著一個很大的計時器來教室。簡報時間是三分鐘，教授說無法在三分鐘之內說服別人的構想要直接丟掉。

最困難的是小組作業。如果是搞砸個人作業，那我一個人完蛋就算了，但是做小組作業的話，我不可以拖累團隊，所以我總是極力配合。其中讓我感受到文化衝擊的是組員評價。完成期末作業後，教授發了評價表要我們評價組員。表單中包含以下這幾個問題。

「如果你是公司老闆，你會雇用A嗎？」

「如果靠小組專案賺到了十萬美元，你會各分多少給組員？」

看到這裡，我冷汗直流。做作業時結結巴巴的我，究竟有多少人會雇用我呢？這一點我實在沒有信心。大家具體地回顧作業過程，思考酬勞該怎麼分配後，只能往更實際的方向思考每個成員的貢獻程度。如此冷靜地作出評價，讓我非常吃驚，大受衝擊。

美國大學的暑假放三個月，學生大多會在這段期間打工賺錢。其中給最多錢的好差事當然是大企業的實習生職缺。我也必須打工籌措學費，但有個問題是，想拿外國學生簽證在校外就業的話，必須獲得CPT（Curricular Practical Training：承認實習經驗也是學業一部分的簽證）就業許可，只有持學生簽一年以上的人才有資格申請。這是我讀完第一個學期的暑假，所以我還不符合資格。

這三個月我什麼也不能做，只能眼睜睜看著時間流逝，處境十分尷尬。但就在這個時候，我聽聞年刊雜誌《Visual Language》的主編莎朗（Sharon Poggenpohl）教授正在找暑假期間願意編輯和設計二〇〇〇年號雜誌的自由接案設計師。拿學生簽在校園內工作的話，不需要特別的許可，所以這是千載難逢的好機會。我趕緊找出大學時期的設計作品，製作符合編輯設計的作品集後，去找教授說我願意做這份工作。研究所第一個學期的三個月暑假，我就這樣當上兼職設計師，到學校上班賺錢。

如果說出你的需求，周圍會出現一些意想不到的人給予協助。把心事憋在心裡的話會生病，所以先把需求說出來吧。

暑假期間天天去學校上班的我，跟維修學校系統的IT經理亞倫變熟了。由於他個性刻薄，態度生硬，所以大部分的學生都覺得他很難接近。在空蕩蕩的校園裡，我們天天見面打招呼，自然而然就變熟了。有一天，我邊喝咖啡邊說學校的內部網路（內部系統）太老舊，用起來不方便，亞倫說正好最近需要更新，建議我設計看看。因此，我同時協助莎朗教授的年刊編輯設計，同時針對內部網路系統進行改版。校內全職工作，真是天上掉下來的餡餅啊！學校內部網路偶爾需要更新，所以上學期間我也能三不五時工作賺一點錢。

二〇〇一年，第二年暑假我符合CPT的資格，可以應徵美國企業了。當時有幾間公司來拜訪校園，要聘僱IIT設計研究所的學生。雖然我已經接受贊助我的課程作業的通用汽車和總公司在芝加哥近郊的麥當勞夏季實習機會，但我真正想去的公司是微軟。

在校園徵才活動上，跟微軟負責人面試過後，我遞交了作品集小冊子。當時內部網路已經普及，大部分的人覺得只要在履歷中放上作品集的網頁連結就夠了，但我不這麼認為。面試官應該面試過很多學生，所以我開始思考怎樣才能多加深一點面試官對我的印象。當面試官收拾包包或打開行李的時候，看到我的作品集冊子的話，會不會想起我這個人呢？就算對方感到厭煩，丟掉冊子，我也沒有損失。我的人生哲學態度——「不行就算了」。

幾天後，微軟西雅圖總公司問我要不要去當夏季實習生。錄取！雖然是實習生，但報酬和福利也很好。二〇〇一年當時月薪是三千五百美元，而且提供遷居費用（包含家人）、飯店、車輛和醫療保險等。

我因此得以堂堂正正地靠自己的力量賺取學費，順利從研究所畢業。為了補貼不足的生活費，我還得身兼多職，送報紙和當韓文老師，但是為了對自己的人生負責，我欣然願意當斜槓族，而且對活下來的自己感到驕傲，覺得自己很了不起。

企業想找態度好的人，而不是會工作的人

我在職中的谷歌是我的第七份正職工作，包含實習和約聘在內的話，是第十一份工作。從在微軟的短暫三個月，到比較長的高通的五年又九個月，沒有在同一間公司待過六年以上。從某方面來說，我是個自發性的跳槽高手。但是來到矽谷我才發現在職期間比我短的人多得是。待三年以上就算很久了，普遍在同一間公司待一到兩年。聽說實際上谷歌設計師的平均在職年數不到三年。

我認為這是讓美國企業和高級人才保有競爭力的巨大動力。企業和員工的關係如同曖昧期間的男女，遊走在欲擒故縱的緊張邊緣。企業要不斷努力營造優秀人才想加入並留下來的環境。如果企業期望員工能忠誠不二，卻抱持「我們又不是陌生人」這種不必互相尊重的態度，那員工會毫不留情地道別提分手。不過，企業在整頓人力的時候也是絕不手軟。整頓解雇人力是公司遇到困難時，為了節省成本而最先使用的手段。不僅是在經營困難的時候，為了人力的循環，也會常常果斷地解雇員工。企業解雇考核成績低於百分之十的員工在美國是很常見的事，因產業變化而不再需要的人力也會被狠心俐落地開除。所以員工為了避免被解雇，或是為了憑藉更好的競爭條件換

公司，必須隨時提高自己在就業市場中的競爭力。不，是必須努力生存下來才對。

二〇一九年谷歌收到的履歷高達三百三十萬封，其中大約只有百分之一的人會被錄取。自從二十五年前還是新人的時候，我就偶然以面試官的身分參與過徵才。之後又在摩托羅拉、高通、三星電子和谷歌待過，身為跳槽高手和面試專家的我，不知不覺累積了二十五年的經歷，也算是耳濡目染。以下是我整理的離職與面試經驗。不過，每個國家和企業的文化和體系都不同，所以僅供參考。

推薦函或介紹文

能讓你順利通過求職第一道關卡的正是推薦（Re-ferral）。推薦和走後門無疑是不同的概念。推薦是自己的品格和實力所帶來的成果。回顧我這十一次的換工作經驗，沒有什麼特殊原因就去應徵，又被錄取的情況發生過兩次。除了兩次的校園徵才之外，其他七次都是透過熟人推薦牽線的。

只有履歷和面試，要找到好人才，並進行驗證不是件容易的事。這種時候發揮力量的是，有過共事經驗的人的內部推薦。許多公司採用人才推薦制度和推薦獎金，鼓勵員工推薦優秀人才。不過，推薦人是敷衍了事，還是用心推薦，立刻就能看得出來。谷歌的人才推薦機制十分完善。推薦人必須非常具體地填寫被推薦人在自己人脈中的排名與占比。不僅是被推薦人，推薦人本身也會一起留下紀錄。過去自己推薦的人有幾成被錄取、面試到第幾輪、為什麼被淘汰等資料一查便有，所以推薦人必然會格外注意，以免自己的信賴度受損。

查核

如果是我當推薦人的話，我會提出我對正在接受資歷查核（Reference Check）的被推薦人的看法。如果我是求職者，而且應徵的那間公司有我的人脈的話，我會跟面試官說。雖然我的推薦人可能會聯絡人事組，但事先告知面試官是基本的禮貌。最近的面試機制本來就改善很多，所以很容易從人力資料庫中找出跟求職者待過同一間公司、工作期間重疊的內部員工。系統也會自動發送郵件，要求該員工填寫關於求職者的意見。不知道何時何人會被要求填寫關於我的評價，又或者是何時會需要我提供這樣的協助，所以平常務必要跟同事們保持良好的關係。

推薦內容

雖然我不曉得這個部分對我成功換工作的影響有多大，但是就我個人而言，成功機率滿高的，而且這個方式對面試官來說也值得一試。

只有履歷和作品集的話，我總覺得有百分之十的不足之處。海量的履歷看起來應該都差不多，人事部門顯然也不會仔細瀏覽我的作品集，再加上基於保密義務不能公開的內容也很多。最重要的是，我的臉皮不夠厚，說不出「我是最棒的」這種話。而且企業想要的人品、團隊合作、領導能力等無形的能力也沒辦法透過履歷或作品集來呈現。有面試機會的話，求職者至少還可以想辦法保持端莊的外貌和親切的語氣，但是書面資料又做不到這一點。當我在思考有什麼方法可以彌補這種限制的時候，想到了在履歷中概述友人對我的推薦和評價，藉此強調並展現我的能力。

當我資歷尚淺，還在經營個人網站的時候，曾經額外製作包含同事推薦文（Co-Worker Testimonials）的頁面。現在多虧商務社群網站領英（linkedin.com）的活躍，我經常使用領英的推薦文功能。此外，我把可以充分表現我的工作能力的評價整理成一張紙（務必小心別公開公司的專案內容）。這就類似寫滿各種推薦文案的書封，或是加上網紅評價再販售物品的購物中心所使用的伎倆。可以說是激起大家都說好，那這應該是好東西的好奇心，很多人都說好應該是有原因的正面情緒效果。善用第三人的客觀視角陳述的推薦文，藉此敘述對非英文母語人士來說很難的母語人士所使用的自然英文，或是很難親口說出的肉麻表達，就能填補履歷和作品集那百分之十的不足之處。

累積人脈

還是初級設計師的時候，我很擔心自己無法融入喝酒喝到天亮的酒席或三五成群邊聊天邊抽菸的場合，擔心別人會不會聊到只有我不知道的高級情報，是不是只有我無法建立牢固的（或黏踢踢的）關係，又或者是別人根本不知道我的存在。

但是事過境遷，我才明白人脈不是這樣建立的。靠利益關係建立的人脈，一旦彼此的利益消失，關係終究會跟著結束。

雖然我們偶爾會開玩笑地說「做人要善良」這種話，但這是真的。最可靠的人脈累積方法是過好每一天，努力善良地活著。這句話也許聽起來很天真、很傻，但是在過了二十五年後的現在，我怎麼想都想不到能超越那句話的妙招。

不久前，我有一件事需要他人的幫忙，所以打聽了以前在職場上遇到的前輩近況。雖然我相隔二十五年傳了訊息拜託他，他卻毫不猶豫就提供協助了。令人感謝的是，他記憶中的我是個「害羞沉穩的人」。那一刻我想到了電影《真善美》中，瑪麗亞（茱莉·安德魯斯飾）歌唱的〈Something Good〉。

好事不會憑空發生
絕不會發生

所以年輕的童年的我
一定做過什麼好事
Nothing comes from nothing
Nothing ever could
So somewhere in my youth or childhood
I must have done something good

如果是還在念書的讀者，我想跟你說比學習、成績或學位更重要的是人際關係的建立。教授、外部講師、同儕和學長姐等，應該珍視所有的緣分。參加校外可以跟職場人士建立人脈的同好會或志工活動等，也是累積緣分的好機會。我在大學參加過的「麥金塔交流會」所累積的經驗和緣分，都是我建立起現在的職涯的肥沃養分。不要小瞧萍水相逢的緣分，要懂得珍視所有的緣分。

許多面試官說的話都有一個共同點。比起表現良好的人，公司更想要的是好人。尤其是在比較不注重生產力的製造業，而是重視創意能力和合作的軟體時代來說更是如此。因為比起依賴某個天才，多個好人合作創造出來的成果更能帶來永續的成功。

等於自己的人品和實力。

終生職場不再存在了。現在換公司是不可避免的過程，在此過程中，自己的人脈

☆ ☆ ☆ ☆ ☆

或許以上的建議變得無用武之地的時代很快就會到來。世界級巨擘哈拉瑞曾在《二十一世紀的二十一堂課》中警告，就像打信用評級那般，在網路中留下的大數據和人工智慧演算法將會給我們劃分等級，決定我們是否合格。或許將來的人們不會被集團中的某個人評價，受到性別、學歷或人種歧視，但是個人的DNA等資訊會被拿去分析，在收到不及格通知的同時，聽到「你因為是你而被淘汰」這種話。現在是連在大數據中的你我也必須保持善良的年代了。

抓住面試官的心的面試技巧

谷歌沒有公開過數百萬封履歷之中，有多少封通過第一輪書面審核，並進行第二

輪電話面試的準確比率數字，但是我猜不到百分之五。所以他人的推薦顯然對通過數百萬封履歷的審查過程有極大的幫助。

不過，雖然他人的推薦有助於通過文件（履歷）審查，但不會對錄取造成決定性的影響。尤其是在谷歌，需要人力的小組負責人沒有最終決定權。谷歌自己有一套叫做「委員會（Committee）」的獨特人事制度。「評價委員會」、「升遷委員會」、「年薪委員會」等等會進行小組會議和充分的討論，再進行許多的決策。徵才的時候也是如此。通常會由五到六名面試官進行面對面面試，結束後面試官會各自寫下意見。接著「徵才委員會」在評估各種文件和面試意見之後，再決定是否錄取。而「年薪委員會」將決定應徵者的年薪。

我也曾抱怨過將來一起工作的人是我，需要人才的是我的團隊，為什麼我不能隨心所欲雇用我想要的人？但是聽了理由之後，我就明白了。聽說聘雇新員工之後，部門主管當該員工的直屬主管的平均期間不到一年。所以與其尋找跟該主管合得來的員工，透過委員會從客觀的角度來招人的話，新人在公司適應良好且久待的機率會比較高。這麼一聽，倒也沒錯。

面試大致上可以分成以下三個階段。

第一輪是跟面試官進行電話面試。確認履歷上的內容，談論離職理由或應徵者想發展的方向等基本事項。

接下來的第二輪是技術電話面試。為了確認應徵者是否適合該職責，職務部門負責人會詢問跟工作有關的內容。

最後是第三輪的面對面面試，是直接請應徵者到公司進行的面試（雖然現在因為新冠疫情，換成視訊面試了）。通常面試會進行一整天，根據我的經驗，大部分的美國公司面試時間都差不多。應徵者必須在幾個面試官面前做一個小時左右的自我介紹簡報。有時候企業也會事先提出問題要求應徵者回答。如果是這種情況，那就說明自己是怎麼解決問題的。所有簡報做完的話，接著進行一對一的深層面試。通常會見到五至六個人，每個環節約五十分鐘，所以面試會持續一整天。面試結束後，免不了會靈魂出竅。

大部分的人只會進行到第三輪的面對面面試，但如果面試官們的意見有分歧，或是應徵者還不錯但不適合該職責、不是被所有面試官淘汰的話，也會進行額外的面試。

關於面試技巧的實用資訊，市面上已有很多相關書籍，網路上也有很多資料，請多加參考。面試之前，必須充分熟悉並做好基本的準備，例如準備面試、態度、預想的問題和答覆、練習方法等。大部分應徵者的基本準備都做得很好，所以成敗取決於是否能打動面試官的心。以下四個方法能有效打動面試官的心。

主導對話

面試官並不在意應徵者有多迫切和努力，雖然這麼說很抱歉，但這是事實。非要解釋的話，這是因為大部分的情況，面試官都排滿了會議，連去上廁所的時間都沒有。為了面試一名應徵者，需要六到七個面試官。應徵者很多，面試官人數卻有限，所以只能把面試都排在一起。所以也常常發生面試官沒辦法充分看過履歷就去面試的情況。

一般來說，應徵者會認為自己是被問話的那一方，抱持回答問題就好的心態進行面試，所以會等面試官把對話進行下去。但是，我們應該要反過來把自己當成採訪主持人。最好假設面試官對你一無所知，沒看過你的履歷，也沒有做好跟你對話的準備。

面試官其實對你不感興趣，他的當務之急是接下來的會議案子、報告或專案截止期限等等。跟你之間的對話，對面試官來說並非重要的案子，所以沒必要心生不滿。所有應徵者的條件都一樣，所以不應該等待被提問的恩寵降臨，而是要具備主導對話的能力。把對話延續下去，讓打算應徵你的企業、必須評價你的面試官能夠了解你這個人。

做功課

面試結束後，面試官必須繳交意見報告，但這非常耗時。這也是我避免當面試官的原因。所以，你要反過來思考面試結束後，面試官要怎麼寫關於你的意見報告，並幫他整理好答案，在面試時灌輸訊息，因為最了解你的人是你自己。大部分的意見報告可以分成三大項。

第一項是技術領域。面試官會評估應徵者是否具備跟該職責相符的能力，主要觀察的是應徵者的專業性、創意力、溝通能力、簡報和執行力等。事先整理好面試官應該記在筆記本上的你的三種能力，並在面試時反覆強調。此時如果再以「說故事」的方式，包裝其他應徵者沒有但你有的差別化能力，更是錦上添花。因為隻字片語很難記住，故事卻容易被人記住。

第二項是軟實力。主要觀察應徵者的人品、開放性、態度和價值觀等。這個部分不容易挑出特別出色的地方，所以面試官通常會在報告中指出顯眼的部分。因此，你的言行舉止最好不要太有攻擊性。不讓面試官搖頭或皺眉頭就成功一半了。不過，最好還是給面試官植入一個關鍵字。例如，應徵者是非常積極的人、有趣的人或仔細聆聽他人說話的人等等。給面試官灌輸一種能想起自己的軟實力就好。籠統的「還不錯」是不夠的，必須要讓面試官記住某個特點。

最後一項是領導能力。為了公司的長期願景，領導能力是非常重要的評估項目。主要觀察應徵者是否具備成長潛力、拋出假設後是否有解決問題的能力、是否具備團隊合作精神和協作的能力等。這個部分最好舉具體的例子。事先準備跟領導能力有關的例子，好讓面試官可以在意見報告中撰寫具體的例子來證明他的意見。

留下美好的回憶

人心是記憶的產物。人類沒有邏輯，也不合理（只是裝作合理而已），還非常情緒化、感情用事。所以那些打動人心的東西，也就是政治、經濟、輿論或廣告等等，都把焦點放在刺激眾人的情緒上。

認知心理學大師康納曼（Daniel Kahneman）的「峰終定律（Peak End Rule）」也是適用於面試的重要理論。人的認知和評價取決於記住了什麼，跟實際經驗的總量無關，對此記憶影響最大的是極端值（Peak）和最後值（End）。簡單來說，如果結束是美好的，那一切都會被記成是美好的。

所以面試的最後五分鐘最為重要。被時間追著跑而手忙腳亂、無法放鬆而怯場、面試官問「最後有什麼問題想問的嗎？」卻露出模稜兩可的笑容說「沒有」等等，絕對不可以像消氣的氣球般，在面試官心中留下那種印象。因為記憶的錯誤，最後五分鐘將決定這一小時的面試。所以最後的結尾要以充滿好運氣、正能量、令人自動說出「阿們」的信賴感來裝飾才行。

讓對方不想錯過你這個人

就算企業網羅眾人的意見，也很難在經過一個小時的面試後，就對應徵者產生百分之百的確信。這時候有一個方法可以加強該公司要雇用你的決心，那就是還有其他公司也想雇用你。這就像在字幕上加了「即將售罄」，令人激動的電視購物行銷手法。

因此，求職的時候最好同時應徵多間公司。即使是不想去的公司也沒關係，只要讓目標公司知道你是許多購買者都想要的商品就可以了。在這個過程中，也可以把在某間公司學到的東西，應用在另一間公司上。多面試幾次，也能減少失誤。最重要的是你會變成「甲方」，而不是任人宰割的「乙方」，並產生主導面試過程的動力。

發出即將售罄，想要擁我的話，就動作快的訊號。別人想要的東西，我也跟著想要，這就是人類的心理。

面試是人與人相遇，打動人心，尤其是令對方對我這個人動心的事。最重要的一點是，必須對自己有愛、有自信。如果連你都不愛自己了，更不用期待別人能看自己一眼。還有，要保持面試不是面試官的事，而是自己的事的心態。你是故事的作家、導演和主角。祝各位幸運。

☆ ☆ ☆ ☆ ☆

不要給面試官令自己傷心的餘地。偶爾會有一些糟糕的面試官向我們倒垃圾，萬一聽到傷人的話，就快點丟到垃圾桶吧。未錄取通知不代表自己有瑕疵，只是彼此八字不合而已。快點忘掉，去找新的緣分吧。

職涯中最重要的東西——我有獨一無二的故事嗎？

消費者心理有兩種性質，分別是需求（Demand）和欲望（Desire）。需求是有需要的東西，欲望是想擁有的東西。要了解清楚這兩種心理才行，成功的秘訣就藏在只有一線之隔的需求和欲望之中。

根據需求變動的市場是商品性能與價格之間的比例（性價比）之爭，是消費者決定哪個商品能以最低價格滿足需求的重要購買關鍵點。所以消費者為了找到性價比好的東西，會比較多個商品，懷疑自己買的東西是不是性價比最好的產品。消費者買走物品後覺得無法滿足需求的話，就會退貨，如果出現性價比更好的產品，就會毫不猶豫地變心。當然也會不斷思考這個產品是否是自己需要的東西，延遲消費。所以因為有需求才購買的產品的忠誠度低，競爭激烈。

根據欲望變動的市場則是價值之爭。有趣的是，消費者購買滿足自己欲望的產品時，會給自己找理由。不是有需要才買，而是想擁有的欲望刺激了消費。就算衣櫥放滿了牛仔褲，消費者還是會一邊買新款，一邊自我合理化說「這件的版型不一樣」。購買價格超過月薪一半以上的名牌大衣，或是要價是年薪好幾倍的頂級轎車時，會加上種種理由，像是「我值得擁有」、「不是結婚十週年嗎？」、「不是升遷了嗎？」、「這是限量版啊」等等，甚至還會說「這個不是很美嗎？」之類的話，不斷替自己找理由。所以根據欲望所購買的產品忠誠度高，總是存在著利基市場。

最具代表性的例子是蘋果產品和安卓產品。安卓產品仍然在需求市場上競爭性價比。消費者容易對低價手機妥協，仔細思考是否有必要花大錢買功能一樣的手機。而且高價手機上市後不到幾個月就掉到半價的情況比比皆是，因為那是業者為了生存而採取的策略。消費者也會交換性價比高的產品或特價活動的相關資訊。

但是蘋果呢？蘋果的消費者會毫不猶豫地掏錢買單。明明已經有還能正常使用的 Apple Watch，但新款一推出又會購入。消費者之所以消費，不是因為需要新的智慧手錶，單純是因為想擁有新款 Apple Watch 的欲望。一邊搖頭說發瘋了才會買三萬多台幣的 Apple Watch，一邊像著了魔似地結帳。把到貨的 Apple Watch 戴在手腕上的瞬間，幸福得像是擁有了全世界。這就是所謂人的欲望，無法言喻的內心的惡作劇。

我的工作是研究消費者和使用者的心理，所以我這二十五年來都在思考怎樣才能擄獲消費者的心，而且未來也會繼續思索。

以下幾點有助於決定準備履歷、作品集或面試等，在整個換工作過程中的思考方向。關鍵就在於成為企業想要的有價值的人才。

是否有稀缺價值

人們可以感覺到特有的、獨特之物的價值。隨地可得的東西不會令人產生想立刻擁有的欲望，因為想要擁有的時候，隨時都能取得。人也是一樣。如果在履歷中羅列別人肯定也會的技能，或是提到在該領域必然會有的經歷的話，那看履歷的人是不會被吸引的。理所當然的東西並不亮眼。你才有的價值、你才能做的事、因為是你才能辦到的事等等，必須展現出企業需要你的理由。我說的不是被指定為文化遺產的寶物或無與倫比的才華，這世界上肯定只有你才能做到的事情。「因為別人都這麼做」、「因為別人都說好」、「因為別人要我這麼做」等等，千萬不要被「別人」牽著走，要專注在自己身上，尋找並創造自己的原創技能。

二〇一九年東協暨韓國文化創新峰會（ASEAN-ROK Culture Innovation Summit）

主題演講上，韓國娛樂經紀公司 HYBE 的老闆房時爀發表了一段演講。

雖然以前的世界也很複雜，有著各式各樣的人，但現在的多元層次已經多到數不清了。喜好和個性都不同的人正在形成窄狹但有深度的共同體。跟向來引領科技文化的國家相比，我們韓國擁有不一樣的文化和歷史背景，對人類保有不同的視野，從不同的角度觀看世界，所以我們才能說出不一樣的故事。

沒錯，我們所有人都是各不相同的人。擁有不同的背景，擁有不同的視野和不同的故事。擺脫想要躲在人群之中的想法，堂堂正正地表現自我，才得以被看見。

是否有自己的故事

人類的歷史即故事，「Hi-story」。人類透過故事來思考，在故事中思考，而不是在事實、數字和方程式中思索。故事愈簡單愈好。

——節錄自哈拉瑞，《二十一世紀的二十一堂課》

二〇〇六年，有一支名為「微軟重新設計的 Apple iPod 包裝」（Microsoft Re-Designs the iPod Packaging）的熱門影片。如果你還沒看過的話，一定要去看看。

密密麻麻寫滿漂亮經歷的履歷無法被記住。比個人經歷就是在比較性價比。如果靠經歷來吸引人，那會被經歷更豐富的人比下去，如果出現經歷更豐富的人，便會失去競爭力。所以我們需要能夠貫通自己職涯的故事。

我說的故事不是指那種告訴人們必須走上正途或堅持不懈地挖一口井的故事。如果你做過各式各樣的工作，那就把那些工作融入故事裡。如果你常常換工作，那就把換工作的歷程加到故事裡。而且，你要具備自己的人生故事。這個時候，主角、配角和臨演不能亂成一團。主角必須是你的稀缺價值。有明確的主角、情節又精簡的故事才會被人記住。什麼都能做等於什麼都做不了，而且這種人很容易被取代。

面試的時候，最好像在說古老的故事一樣自然地傳達自己的故事。如果面試官產生共鳴，隨聲附和，感受跟他本人的故事的共同點的話，那便成功了。人類透過故事思考，透過故事記憶。

是否真誠

冒牌貨之所以是冒牌貨，是因為它不是真的。人們不會為了虛假的東西揮霍錢財。

如果想讓自己的稀缺價值和故事具備力量的話，那它就必須是真的。說到韓國男子團體BTS的成功因素時，絕不會漏掉的一點就是真誠。那不是經紀公司塑造出來的舞台上的假象，他們沒有被面具遮住，至今所呈現的面貌都是真誠的。原本在家鄉日山很會念書，但為了成為嘻哈歌手而放棄學業的金南俊、曾經騎機車送外賣的閔玧其、國中就初生之犢不畏虎開始演藝生涯的田柾國、為了不夠完美的自己而痛苦的朴智旻等成員，人們被每個成員的成長故事所感動，被奪走了心。這就是真誠所擁有的力量。

所以在履歷中放入假資訊，或是在面試時不懂裝懂，是很危險的行為。不知道的時候，就老實說「不太清楚」，這樣的態度比尷尬地裝懂還要好。而且這種虛假會導致自己的真誠遭到懷疑。懷疑是一旦產生就很難消弭的情緒。

經過歲月的沉澱，真誠會變得更有深度。如果二十五年前遇到我的人、十年前遇到我的人、昨天遇到我的人，對我的印象都一致的話，那將是再真實不過的真實了。在推薦這種人的時候，大家都不會猶豫，還會產生無論如何都想替他弄一個職位的欲望。如果走在路上有人求助，那你就幫對方一把吧。總有一天，善行會變成福氣回到你身邊的。

是否能與企業使命相伴

每間企業都有它追求的理念和使命。（如果你的公司沒有明確的理念或使命、追求的使命不符合你想成長的方向的話，那就要考慮離職了。當然還要仔細研究企業樹立的使命帶有多少的真誠。）讓我們來看看知名企業的使命吧。

谷歌：彙整全球資訊，供大眾使用，使人人受惠。
Organize the world's information and make it universally accessible and useful.

特斯拉：加速世界轉向永續能源發展。
Accelerate the world's transition to sustainable energy.

臉書：讓世界更加緊密連結。
Bring the world closer together.

求職者必須熟悉應徵的企業所追求的使命，表現出自己對該使命的支持，以及證明自己是可以做什麼來實踐該使命的人。企業在找的是一起實踐他們所追求的使命的夥伴，而不是執行使命的勞動者。執行和量產工作的自動化或外包是大勢所趨。

企業想一起創造使命的人不是經歷漂亮的人，而是追求目標一致、可以一起成長、可以相信倚靠的人。遇到那種人的話，面試官會想出各種必須雇用的理由。

提升競爭能力是相對簡單的事。考取證照、拿到畢業證書或考取英文高分等等，可以華麗填滿履歷的事情不用煩惱太多，跟著別人做就能辦到了。到處都有短期速成補習班，付出金錢與時間弄來一張畢業證書也不是什麼難事。然而，這就是問題的所在。競爭性價比的話，很容易陷入困境。你會活在不安中，擔心競爭能力比自己強的人出現，焦慮地自我懷疑會不會被其他東西取代，戰戰兢兢地煩惱自己的性價比有多大的效用價值。希望各位可以踏入價值領域（value sphere）。如果想發掘自己的稀缺價值、自己的故事、自己的真誠與使命並創造下去，便需要時間進行深刻的省察、無數的失敗和刺骨的領悟。為了成功跑完名為職涯的馬拉松，最好跑在使命大道上。而且要跟能分享使命的人一起奔跑，那樣才會再加把勁，跑完這條辛苦的路。在此為所有人加油，祝大家跑完全程。

☆ ☆ ☆ ☆ ☆

希望關於離職的文章沒有引起大家的誤會。重要的是能力、實力、專業性等基本功要扎實才行。要多多參考他人分享的基本技巧培養方法和相關的實用資訊，讓自己具備實力。我所整理的文章是關於如何包裝自己的實力和擬定策略的指南。

覺得萬事不如意時應該思考的事

在就業市場中放下自我並求職，是一件挺難的事。對準備就業的人、對中斷工作後重新開始的人、對邊上班邊找新工作的人來說，在收到錄取通知之前，必須翻越一座座的高山。雖然每個人的情況都不同，但是可以悠閒求職的人少之又少。我收到谷歌的錄取通知時，比起高興，不想再求職的念頭更為強烈。我換了十次工作，沒有一次是不辛苦的。如果你可以從容不迫地找工作，那或許這件事對你而言不是很急迫吧。但如果你是必須經濟獨立、必須扛起一家生計、必須為自己的老年生活做準備、必須考慮到父母晚年的人，那你是沒辦法從容不迫地找工作的。

多虧強調金錢力量的爺爺，我從小就根深柢固地覺得自己必須經濟獨立。我覺得如果我的生活得仰賴某人的錢，那我就得交出我的生活權限。沒錢有沒錢的生活方式，如果很需要錢的話，那無論是什麼工作都要去做。我覺得為了完整的獨立，就算得同時做「兩份工作」，辛苦疲憊地生活，那也是應當承受的大人生活。

然而，當你做什麼事都不順利的時候，會感到灰心也是正常的。如果在經歷持續的失敗和挫敗，依舊能保持積極心態，沒有失去笑容的話，那這種人應該是超越凡人的道人，或是需要去看精神科的病人吧。如果效仿不斷挖井直到有水的故事，那有可能臨死之前都還在挖井。雖然跟別人訴苦也沒用，但是照顧好自己那逐漸崩潰的內心是很重要的事。

明明很努力了，事情卻不如人意的時候、生氣地想放棄的時候，不妨暫時坐下來看看。這可能是需要轉換思緒與方法的時候，就像我以前那樣。

是不是原始資料的問題？

如果向多間公司投了履歷，但是沒有通過書面審核的話，要先重新檢視一遍履歷。我上企管碩士（MBA）課的時候，聽到了撰寫履歷的方法。為了找到適合放入履歷的單字、構成或表達，要不斷地修改履歷，接受評價。要能客觀地評價自己的履歷。例如，在數不清的履歷之中，我的履歷顯眼嗎？是否有不必要、模稜兩可或過於平凡的經歷和資歷？如果我是面試官，看到我自己的履歷之後會想聘雇嗎？參考自己的工作領域的履歷範本，或使用專業的履歷修改服務也可以。除此之外，也需要聽聽看熟人的回饋。

放棄修改原本的履歷，直接拿白紙重新寫一份也是個好方法。執行專案，想不出點子或反覆失敗的時候，我總是會大喊「回到原點吧！」事情無法成功都是有原因的。

沒有釐清失敗原因的話，無論再努力成功也不會到來。根據我的經驗，努力和成功是兩回事。如果一直面試失敗的話，就必須從原點開始分析原因。

是不是期待值太高？

如果你還在挑肥揀瘦，就代表肚子不夠餓（說到這個，我現在好餓）。我在美國待的第一間公司跟人力派遣有關。人力派遣公司以低廉的費用提供優秀人才給為了節省成本而使用外部人力的企業。這種公司確保足夠人力的祕訣是，利用需要解決就業簽證問題的外國勞動者。被拒絕過無數次之後，我第一次收到的錄取通知便是來自人力派遣公司。第一份工作的年薪跟業界平均水準差了十萬八千里，但我的情況不允許我挑三揀四。我覺得有了開頭，未來便能一直走下去，所以也沒有因此心灰意冷。

不用給第一份工作賦予太大的意義。接到錄取通知後，最好還是常常投履歷。如同要一直買東西才會有挑東西的眼光，在不同的公司多體驗看看，才會培養出挑選適合自己的公司的眼光。職場不過是滿足生活所需的手段，不該是永遠抵押人生的地方。

是不是已經決定好答案了？

雖然前面也強調過好幾次了，但是想提高成功機率的話，就要丟球，尤其是要一次丟很多顆球。但我們有時候會在一開始就朝自己決定的方向丟球。譬如說，你覺得大企業不會接受你，所以就不投履歷。或是想換職業但還沒有準備好，所以一直推遲。又或者是因為韓國不行、美國不行、英文不夠好等等，替自己找各種理由待在舒適圈（Comfort Zone）。

人的一生之中沒有完美準備的時間點。決定你適不適合錄取的是公司，而不是你。錄取通知也是別人給的，而不是你給的。你真正該做的事情是向多間公司投履歷。預設答案再解決問題的話，出錯的機率肯定會變高。

增加機會

新冠疫情促使社會充滿企業縮減人力，人事凍結的氣氛。在不曉得會持續到何時的新冠肺炎時代，招募人才的企業比任何時候都還要謹慎，而且徵才標準也變高了。所以看到徵才公告就應徵的話，要通過那道關卡難若登天。這種時候最好採取策略，吸引人資和企業雇用你。

假設你是一位設計師，你可以成立個人接案工作室，勤勞地每個月上傳案子到網路上。換句話說，就是雇用自己當自由業者。挑選自己喜歡且大家知道的產品、應用程式或網站，以「如果是我來重新設計的話」的概念分享點子。你可以使用「Medium」

或「Brunch」之類的部落格平台、有追蹤者的社交媒體（臉書、IG等等），或是職業社交網站領英也可以。

除了構思之後，也要具體呈現你的問題分析能力、說故事能力和說服能力等。反正這些是在業界中會一直需要用到的能力，所以建議你把這個過程當作是在練習。

網路上可以輕鬆找到案例。個人印象深刻的是產品設計師尤金（Kevin Eugene）於二〇一八年上傳的文章〈重新設計Apple Siri〉（Redesigning Siri and adding multitasking features to iOS），他目前在蘋果擔任設計師。在蘋果工作的DK權也是持續上傳自己的點子到領英，並獲得迴響。克里斯蒂安・麥可（Christian Michael）上傳了重新設計谷歌應用程式圖示的點子，引發兩百多則回覆的熱烈討論。在網路上交朋友或在研討會上交換名片，沒辦法建立起人脈網絡。人們想要建立關係的對象是對自己有幫助的人，而那份幫助能夠為自己帶來靈感就足夠了。

如果你現在看到這篇文章，心裡想著等自己準備好了要試試看的話，那我想再重申一遍，做好準備的那一天永遠不會到來。先把事情搞大再收拾，而不是做好收拾的準備再把事情搞大。「堅持不懈」是一大關鍵。堅持每個月發表文章的話，讀者會慢慢增加，也會有人回覆。你可以從回饋中學習，擴展人脈，幸運的話還有可能被雇用。而且堅持一年這件事本身就是一個故事。如果你可以堅持不懈地辦到某件事，那就代表你真的很喜歡那件事，又自律勤奮。嘗試過的人應該都知道，要持續做某件事一年以上絕非易事。最近播出的韓國綜藝節目《Sing Again》主持人李昇基說過一句話，讓我很有共鳴。

「我想證明勤奮也是一種本領。」

持續實踐「早晨奇蹟」的 DolDol Kong（YouTube 頻道 That Korean Girl 돌돌콩）或金宥珍（YouTube 頻道김유진 미국변호사 YOOJIN）之所以令人尊敬，不是因為她們是勤勞的晨型人，而是因為她們多年堅持實踐所展現的毅力。

小小的成就感

不斷失敗的話，很容易陷入自我折磨的沼澤。你會覺得事情變成這樣都是因為自己沒用，因此感到無力，認為自己不夠努力、意志力薄弱、沒有實力或覺得自己是毫無用處的人。所以把賭注全押在某件事上是很危險的，要在四處安排可以在人生中感到小小成就感的東西。

我在田裡收割農作物時，會感到心滿意足。送生日禮物給我資助的小孩時，會感到幸福。我家有一個「迷妹區」專門擺放韓國男子團體 BTS 和 TXT 的周邊，跟女兒們一起讓這個區域變得豐富的話，我也會感到富足。

最近帶給我成就感的是寫作。我重新感覺到獲得某人的共鳴，幫到他人，是多麼快樂的事。最重要的是，我開始慢慢了解不用工作也能賺錢的「被動收入（Passive Income）」，發現值得一試的事情很多。我在 Medium 發布文章後收到的第一個月作家費用是四．五九美元。有了獲得被動收入的經驗後，我正在認真學習，嘗試在數位世界開啟副業。最近有很多相關的書籍和網路資訊，所以我也建議大家找找看適合自己的事情，從「小事」開始做起。

明明做得很認真，卻覺得諸事不順的時候，不妨停下來喘口氣。

第一，確認你手上握有的東西是否有營養價值。
第二，確認你的雙腳是否浮空，沒有腳踏實地。
第三，確認你是否抱持「早已預設好答案」的心態在找工作。
第四，確認你是否有增加自己在就業市場中的曝光機會。
第五，確認你的人生是否有能感覺到小小成就感的幸福事物。

我們現在正處於艱難的時期，應該具備屹立不搖的決心，進行跳脫既有方式的思考轉換。希望各位在這個過程中，不要把時間和精力浪費在自我折磨上。我們人生中的員工只有自己。

專屬於我的故事，最確實的打造方法

——無論做什麼堅持一年看看

如果想要檢測自己知道什麼、知道多少的話，有什麼好方法呢？那就是向別人解釋自己知道的東西。為了教導別人，自己要做的功課最多。如果想跟別人解釋清楚的話，必須整理並概括自己知道的東西。最重要的是，觀察聆聽者的反應，自我省察。那麼，自己的知識與經驗更能站得住腳。

長期以來，我做著實務設計師的工作，每隔兩、三年就會去演講。雖然演講標題略有不同，但核心內容都是「以人為本的設計（Designing for Human）」。在演講上，我會基於自己實際執行的專案案例，分享我從實務中獲得的訣竅、失敗談和成功談等等。以人為本的設計所需要的原則、為了做出以人為本的設計，設計師應該知道的事……分享這些其實不是為了教導他人什麼，而是因為我自己立下的決心。我將演講當作回顧過去這兩、三年，重新審視自己的機會。

大力推薦各位以兩到三年為週期，回顧自己的職涯，並且透過演講來鞏固職涯。以下我將分享鞏固職涯的演講秘訣和執行訣竅。

大學演講（專題講座）

我主要把韓國大學演講擺在第一優先。我通常兩到三年回韓國一次，每當這個時候我會安排一場演講。我本來就很想向韓國的年輕學子分享經驗，再加上我的英文實力不夠好，在美國說英文總是無法讓我感到滿足，所以這也是我用韓文排解鬱悶的好機會。

有時候我會被問到怎樣做才能抓住機會。什麼都不做的話，不可能會有人突然來找自己演講。機會是自己創造的。如同我在前面說過的，要丟出很多顆球，然後等待回應。你要主動聯絡熟人、熟人的熟人或點進學校官網聯絡教授。只有剛開始會很難，一旦累積了經驗，後面就會順利許多。

有人會這麼說：

「準備好的話，我也要試試看。」

「認真做好準備之後，我也要挑戰看看。」

不會有做好準備的時候。要先闖蕩看看再收拾善後，而不是收拾善後了再去闖蕩。準備是隨時都要認真做的事，但事情是要先做了再說。為了做到這一點，建議各位公開宣傳自己想做的事情（寄信或聯絡某人也是宣揚的一部分）。請拋棄完美地完成某件事，再「鏘！」一聲告訴他人的計畫吧。在事情尚未完成的情況下，就趕快大肆宣傳看看。雖然有時候你會覺得不該說出來，但隨著預定的日子愈來愈接近，無論如何你都會辦到那件事的。先做了再說，那麼你將會發現透過那個經驗而提升一個階段的自己。

「誰會找我當講師？」

「我有資格嗎？」

那不是你能決定的事，所以也不是你該有的煩惱。你只要做你能做到的事就好，那就是聯絡、申請並宣傳這件事。做完你該做的事情，等待結果就可以了。

二〇二〇年初，我下定決心要在入職谷歌滿兩年的二〇二一年舉行演講，但這個時候爆發了新冠疫情。整個社會的線下活動都被線上取代，公司也開始實施居家辦公的政策。有一天，在愛荷華州立大學擔任設計系教授的大學恩師邀請我辦線上演講。要我在加州的家裡跟愛荷華州立大學的學生們在雲端見面……我立刻一口答應。在現在這個世界，想要演講的話，不一定要實際到場，那在全球的任何一個地方演講都沒差嘛？再也不需要等到我返韓了。我在某些聊天群組發訊息說，「歡迎邀我進行線上演講」，群組成員之中也有些在職中的教授，所以演講機會開始接二連三地出現。從美國、韓國再到中國的大學，我就這樣展開線上巡迴演講。

研討會的發表

我總是這樣建議對目前的工作滿腹牢騷或傾訴難處的後輩。

期待愈高，你的失望就會愈大。你現在之所以感到不安，是因為你把職涯和現在的工作混為一談。公司只不過是追求成本效率化的營利機構，不是會照顧沒有效用價值的你的非營利團體。如同公司隨時都可以拋棄你，你也要做好隨時拋棄公司的準備。

「別把所有的雞蛋放在同一個籃子裡。」

我們必須做某些事情，作為領月薪的代價，但是僅憑這一點，你的職涯發展將會受到限制。所以你要付出一到兩成的努力，在公司外頭創造自己的一片天地。為此，以發表者的身分參加研討會也是個好方法。

公司內部的午餐聚會

美國公司常常舉辦午餐聚會。主辦人自己決定好主題，邀請相關領域的人參加並進行發表，算是一種簡單的研討會。由於通常在午餐時間舉行，所以又被稱為「lunchbox talk（便當會談）」。大家會帶午餐過來，邊吃邊聽演講，所以活動期間不會覺得有壓力。或者是在每週會議上提出意見也不錯，時間不用太長，抽出十至二十分鐘分享自己最近看到的技術趨勢、最近參加的研討會或最近很煩惱但已經解決了的問題等等，這類型的話題總是可以引起他人的興趣。

我通常會先決定好要在一個月後或三個月後做什麼，事先向他人發出邀請函。我知道自己會偷懶，所以先把球丟出去。事先把球丟出去的話，我就必須接下並擊出反彈回來的球，就這樣替自己安排了事情。

這邊有一個重點是，自己是那個機會的最大受惠者。為了做簡報而思考、整理思緒、決定故事線、練習並獲得回饋，自己與此同時也會成長。這麼做不是為了別人，而是為了自己。

這種行為在韓國可能會被說成「愛胡鬧」，所以你也許會變得小心翼翼，感覺到有壓力。但是實際做做看的話，你會發現認可你的辛苦並感謝你的人出乎意料地多。我在韓國企業上班的那個時候，我們團隊才剛要展開跟擴增實境有關的專案。我自告奮勇說要以先前的經驗為基礎，舉辦擴增實境設計專題講座，在公司內部進行了演講。我這麼做是為了累積自己的專業性並讓別人知道，所以我專注在自己身上就可以了。

靈活運用 YouTube

雖然我沒有嘗試過這個方法，但是 YouTube 對還很難抓住機會的大學生、求職者或社會新鮮人來說，是機會非常多的空間。YouTube 是可以「公開」累積經驗的平台。雖然你有可能又是三分鐘熱度，但公開地進行的話，這將會是促使你往前走的動力。

每個禮拜上傳一支影片，堅持一年看看就好。影片長度也不用太長，五分鐘或十分鐘就夠了。不一定要露臉，也有很多 YouTube 頻道主在沒有露臉的情況下，介紹 PPT 的使用方法或影片剪接秘訣。也不需要期待能靠 YouTube 頻道賺錢或增加訂閱人數。在經營 YouTube 上投資時間與努力是為了自己、是為了兌現跟自己立下的約定、是為了鍛鍊鞏固職涯所需要的基礎肌肉。創立頻道後，跟周圍的人大肆聲張吧。告訴家人和朋友，請他們為你加油吧。雖然剛開始你會感到害羞，但是不管做什麼，青澀的第一步總是會令人不好意思。

建議各位就這樣跟著做一年看看。無論是做什麼事情，可以堅持一年以上的人，便是讓人想要聘僱、想要一起工作的人。所謂的經歷其實沒什麼，可以證明你自己一步一步打下職涯基礎的才是真正的經歷。

結語

永不放棄，持續走下去的話，總會抵達目的地

二〇一九年冬天，我去了為期兩週的公路旅行。要不是因為新冠疫情的關係，我今年應該也會在某個地方旅遊，我帶著惋惜的心情，拿出以前的旅遊照片和筆記出來看。以下是我二〇一九年十二月二十五日在錫安峽谷所寫下的文章。

在錫安峽谷迎接的白色聖誕節。
令人神魂顛倒的景色與懾人心魄的風景。
從層層堆疊的地層、峭壁、瀑布與天空降下的雪花。
彷彿不屬於這個世界的空間令我感到剎那的激動。
一邊行走，一邊俯瞰地面，心想我為什麼會來到這裡，
嘗試攻頂的時候，又想何時才能爬到那上面。

然後我突然停了下來，捧起雪花，驚奇的風景就此展開，
回頭一看，不知不覺我已經爬到相當高的地方了。
泥濘的、陡峭的、相似的路，
不要停下，持續往前走的話，總會抵達。
有時候問候巧遇的人，
有時候禮讓他人先過，
有時候獨自站著喘氣。
不要放棄，持續往前走的話，總會抵達。
如果你問我終究還是得下山的話，為何要往上爬，
我的回答是，因為當我踩著岩石，上氣不接下氣，
感受到風吹過的那瞬間，那座山便屬於我了。
不是眾人所知道的錫安，
而是我體驗到的二〇一九年白色聖誕節的錫安峽谷。
它完完整整地屬於我。

今年又過去了，明年即將到來。時間好似在這一刻暫停，卻又絕對不會停下來。

時間流逝而過，而我就在這裡。無論是感覺會消逝的時間，還是希望消逝的瞬間都過去了。堅持下去，一年將就這樣流逝而過。希望到時候我能對自己說一聲：

「謝謝，妳做得很好。」

其他人也跟自己一樣煩惱、害怕和不安。再有自信一點吧！一邊失誤一邊實踐，比什麼都不做強上百倍；對自己再寬容一些吧！不要把自己逼得太緊。還有，認真生活。

不要放棄，慢慢持續往前走的話，總會抵達。

附錄一　年輕人最好奇的十大問題

❶ 在備感壓力的工作環境中，該怎麼尋找突破口？

封鎖壓力來源、釐清原因、解決問題，你需要的是這三階段的策略。把你覺得有壓力的事情寫下來看看，你會發現自己暴露在比想像中還要沒必要的壓力之中，而且還是毫無防備地承受著壓力。首先，要盡可能封鎖壓力來源。盡量避開讓你有壓力的人或場合，避開不必要的八卦謠言或有刺激性的假新聞，可以拒絕的事也盡量推掉。就算拒絕的那一刻會很辛苦，但這總比拒絕不了而長期處於壓力之下好得多。

如果這樣你還是覺得有壓力的話，那釐清原因很重要。知道原因才能擬定對策，找不到原因的病最難醫治。光是知道原因也能緩解壓力，茫然所加深的不安感往往是壓力來源。

釐清原因之後，把事情分成可以解決的和不能解決的，再準備對策。如果是可以解決的事情，就算需要花很長的時間，也要去實踐。當你為了解決問題而做某件事的時候，你會感覺到這件事本身不是壓力來源，而是成長的過程。

如果是無法解決的事情，就思考看看你是否能承受？我覺得承受一定程度的壓力是賺錢的代價。雖然不存在不會給人壓力的公司，但如果真的到了難以承受的地步，那麼像離職這樣換個環境也是個方法。不是有句話說，「公司如戰場，但一踏出去就是地獄」嗎？問題在於你願意接受什麼，又會選擇什麼。

2 怎麼做才能在公司內部好好宣傳自己呢？

我想到了兩個建議。第一個是做簡報。從一對一的簡報，再到組員或相關部門員工都在的場合做的簡報，我們在公司做簡報的機會還滿多的。雖然做簡報的目的在於傳達資訊和決策，但更重要的是，這是展現自我的時間。是可以讓聆聽者意識到你這個人，讓對方對你產生信任的時間。聆聽者其實對簡報內容不是很感興趣，也不太想了解複雜的內容。做簡報的關鍵在於，讓聆聽者產生信任和確信，使其感覺到報告者非常熟悉報告內容，留下「放心交給他的話，應該會做得很好」的感覺。所以雖然內容很重要，但是報告者有自信的手勢、語調、聲音、說話速度和說故事能力等等也很重要。

第二個建議是，承認他人很厲害並大方稱讚。有人簡報做得很好、報告寫得很出色、會議進行得很好、提早做完工作的時候，說說看給予認可的話吧。也就是說，你要能夠察覺每天工作時發生的小事，並給予稱讚。那會發生什麼事呢？對方會感謝你對他的認可，同時又會產生欠你人情的情緒。明明可以帶過就好的事，被人挑出來稱讚的話，當然會覺得心情很好。

我通常會在當天就簡單地表達謝意。我會直接傳達給本人、把經理一併加到收信者當中然後寄出電子郵件，或是告訴整個團隊。當我遇到很會做事的人，心情就會跟著變好，當然也會欣羨，想要向對方學習。所以我才會那樣表達我的心意。時間久了之後，反而是我更常收到同事們的謝語，這對我發揮了正面的影響。不要為了宣傳自己而只專注於自己，記住共事的同事們的成果，向他們表示謝意看看吧。久了之後，這會為你建立起深厚的信賴與名聲。

❸ 在職場上最常犯的錯是什麼？不能犯的錯又是什麼？

我覺得所有的關係都跟戀愛很類似，哈哈。要維持適當的距離、緊張的狀態和健康的關係才能走得長遠。我認為讓公司變成自己人生的全部，是最危險的失誤。如果你的人生撇除公司就一無所有、你的能力只能在這間公司發揮用處，又或者是你將一切都押在公司上了，那你當然會對公司死纏爛打，哈哈。「我做了這麼多，公司怎麼可以對我這樣？」、「把我當成什麼了？」、「我們公司怎麼會有那種人……」等等，你會很容易產生這樣的想法。公司和自己之間保持適當的距離和情感是很重要的，那樣才能減少不必要的情感消耗或意氣用事造成的失誤。

❹ 離職的準備時間不夠，要怎麼邊上班邊準備呢？

嗯……沒有時間做某件事，大部分是因為那件事對自己來說沒那麼重要。準備離職，不是為了立刻辭職。把這當作是整理經歷，檢視自己是否成長的事情比較好。所以我建議你隨時做好離職的準備。如果快離職了才急著準備的話，你會很辛苦。機會找上門的時候，隨時做好準備的人可以更順利地把握住機會。所以抽出百分之五的時間，做做看別的事情吧。所謂的「別的事情」是指自我進修、鑽研喜歡的領域或建立人脈等等。每年到了十二月的話，將這一年的成果整理成一、兩句話，加到履歷中。履歷必須隨時更新至最新的版本，以利任何時候都能拿出來用。像我的話，是透過每隔兩年進行的演講，向外界介紹我這個人，並藉此整理自己的經歷。這樣的經驗累積多了之後，你的壓力就不會那麼大，還會變成隨時都準備好要辭職的高手。

5 要怎麼維持工作與生活的平衡？

仔細想想，為什麼會出現「工作與生活平衡」這句話？我想應該是因為有什麼事情失去了平衡，為了糾正過來才有這句話的吧。在工業化的時代，人們被迫付出個人的犧牲與高強度勞動，這大概是自我淨化對現實做出的努力吧……工作與生活平衡，說到底還是在問自己過得幸不幸福。我認為從工作和個人生活中都能感到幸福這一點很重要。工作很無聊，那就靠個人生活來平衡？這種方式真的適合得工作一輩子的我們嗎？所以從工作中感受到樂趣非常重要。為此，當然要做自己喜歡的工作。而且綜觀人的一生，有專注於念書的日子、有專注於朋友的日子、有專注於家人的日子、有專注於健康的日子，也有某些事情在人生道路上變得重要的時刻。所以不要只看當下這一刻，從長期的人生平衡來分配時間比較好。尤其是最近是數位遊牧（Digital Nomad）生活的時代，遠端工作的趨勢正在全世界蔓延。完美融合工作與生活，似乎比以前那樣劃清工作與個人生活更為重要。我想說的是，無論是工作還是生活，最重要的是守護好自己，提高幸福的品質。

❻ 沒有美國大學或研究所學位也可以在谷歌總公司工作嗎？

是的，可以。這樣的實際例子也很多。我常常被問到「可以〇〇嗎？」這種時候我會反問「不可以的話，你就不做了嗎？」可不可以並不重要，做就對了。而且要實際試過才知道行不行。不是別人可以，你就可以，也不是別人不行，你就不行。所以當你浮現這種問題的時候，應該反問自己是不是在找自我合理化的藉口。希望各位不要憑空揣測自己行不行，而是直接去做你覺得能辦到的事情。

⑦ 確立新的職涯方向時，最大的困難是什麼？克服的力量源自哪裡？

我始終秉持「不行就算了」的精神，哈哈。我之所以行動，本來就不是為了變成最強的人、為了成功或賺大錢。發生什麼事的話，我通常很快就會接受事實。如果看到有趣的事，就會去做做看。因為我覺得與其不做而後悔，我寧願做了才感到後悔。所以不管是什麼機會，我都會嘗試看看。基本上，我很相信自己的生活能力，所以我覺得自己不管做什麼都能賺到錢。雖然我也會害怕失去什麼東西，但如果抱持失去就算了的想法，倒也沒那麼害怕。雖然現在有了一定的人生經歷，但其實我二、三十歲的時候很害怕。因為那個時期的我還在慢慢了解自己是怎樣的人、是能承擔起多少的人。但我還是想建議你挑戰看看。什麼都嘗試看看才能了解自己，那樣才會產生守護自己的力量。

8 在工作中經歷過最大的挫折是什麼？又是怎麼克服的？

最大的挫折當然是英文。我以前在書上看過「（知識＋技術）×溝通＝力量」這個公式。也就是說，就算具備再多的專業知識，技術再優秀，如果無法傳達給他人的話就沒有用。英文幾乎每天都讓我感到挫敗，想去撞牆。我覺得終究還是只有決心和堅持不懈的努力才是答案。英文不是我的母語，所以會有一定程度上的極限，但我會控制好自己的心態，不讓自己太專注於英文本身。英文不是溝通的全部，而且工作的時候需要各式各樣的能力。請專注於你所擁有的優點，努力讓別人看見吧。

9 職涯累積至今，回顧過往的時候，有什麼讓您覺得「如果當初做過或知道就好了」、「如果沒那麼做就好了」的事情嗎？

嗯，我不太常回顧過去，通常是想到的時候就整理一下思緒，做著我想做和可以做的事情。對於已經發生的事情，我會努力盡快忘掉，並投入到下一件事當中，所以沒有遇過讓我很後悔的事情。不過，如果是不小心傷害到別人的話，我當然會很懊悔。因為事情失敗而感到遺憾、因為想做得更好而忍不住瞬間爆發的情緒，在發洩之後最終還是會回到自己身上。隨著時間過去，我愈加切身感受到人際關係在職涯中有多重要。如果可以重返三十歲的話，我應該會多結交珍貴的朋友。

⑩ 您一整天都在寫作嗎？

我隨時都在寫作，而且一路堅持寫到現在。我從國中開始寫日記，應該是因為我當時需要一個地方來發洩起伏很大的情緒吧。我通常以對話的形式寫日記，就像在跟自己說話一樣。這也算是一種客觀檢視自己的訓練吧。二十七歲結婚的同時，我來到了美國。為了讓韓國的親友知道我的近況，我持之以恆地寫部落格。如果重讀當時寫的文章，便會清楚地想起自己三十歲前後的樣子。寫作對我來說是整理思緒、遇見自己、跟另一個我交流的手段。不寫作的話，想法會糾纏在一起，雜亂無章。我發現自己陷入憂鬱或心情不好的那段日子，有好一陣子都沒有寫作。後來我不管是什麼事都會寫下來，而且我想要對自己誠實。要多見見最原本的自己，那樣才會愛上「真正的自己」。

國家圖書館出版品預行編目資料

膽識 / 金恩住作；林芳如譯 . -- 初版 . -- 臺北市：平安文化，2022.08　面；　公分 . --（平安叢書；第 727 種）(邁向成功；86)
譯自：생각이 너무 많은 서른 살에게 25 년간 세계 최고의 인재들과 일하며 배운 것들
ISBN 978-626-7181-03-4(平裝)

1.CST: 自我實現 2.CST: 職場成功法

177.2　　111011307

平安叢書第 727 種
邁向成功叢書 86

膽識

생각이 너무 많은 서른 살에게 25 년간 세계 최고의 인재들과 일하며 배운 것들

作　　者—金恩住
譯　　者—林芳如
發 行 人—平雲
出版發行—平安文化有限公司
台北市敦化北路 120 巷 50 號
電話◎ 02-27168888
郵撥帳號◎ 18420815 號
皇冠出版社（香港）有限公司
香港銅鑼灣道 180 號百樂商業中心
19 樓 1903 室
電話◎ 2529-1778　傳真◎ 2527-0904
總 編 輯—許婷婷
執行主編—平靜
責任編輯—黃馨毅
美術設計—江孟達
著作完成日期— 2021 年
初版一刷日期— 2022 年 08 月

法律顧問—王惠光律師

讀者服務傳真專線◎02-27150507
電腦編號◎ 368086
ISBN ◎ 978-626-7181-03-4
Printed in Taiwan
本書定價◎新台幣 380 元 / 港幣 127 元